Balconeando

Las drogas

Humberto Brocca

La Brújula

D.R.© CIDCLI, S.C.
Av. México 145-601, Col. del Carmen
Coyoacán, C.P. 04100, México, D.F.
www.cidcli.com.mx

D.R.© Humberto Brocca, 2010
Ilustraciones: Patricio Betteo (pp. 9, 15 y 41),
Gonzalo Gómez (p. 19)
y Richard Zela (pp. 21, 27, 33, 54, 61 y 71)
Fotografías: Other Dreamstime;
Anaí Tirado (p. 57)
Coordinación editorial: Rocío Miranda
Cuidado de la edición: Elisa Castellanos
Diseño gráfico: Rogelio Rangel

Primera edición, octubre, 2010
ISBN: 978-607-7749-20-2

Impreso en México / *Printed in Mexico*

Doctor Humberto Brocca
Médico Cirujano, UNAM.
Posgrado en Medicina Tradicional China.
Adictólogo, socio fundador de la Sociedad Mexicana para el Estudio de las Adicciones.
Director Médico de Picas y Platicas, A.C.
Representante de la National Acupuncture Detoxification Association en México.
Miembro del Colectivo por una política integral hacia las drogas (Cupihd).
Presidente de la Asociación Mexicana de Reducción de Riesgo y Daño, A.C.

Índice

A la memoria de Rashid.

A mis hijos, que son los dueños de mi misión en la vida.
A las niñas y niños de todo el mundo.
A quienes se instalan en su niñez para toda la vida.
A la memoria del Dr. Carlos Rodríguez Ajenjo, ejemplo de entrega y conocimiento, amigo extraordinario.
Y a toda chispa de curiosidad encendida en busca de la verdad.

Introducción

Para cualquier persona que no consume drogas y está libre de otros vicios relacionados —si es que existe gente así y lanza la primera piedra desde ahorita—, es totalmente incomprensible que alguien decida involucrarse en un comportamiento que ataranta, ataruga, nubla los sentidos, en muchos casos es ilegal, genera violencia, puede perjudicar el cuerpo definitivamente, arruina las relaciones sociales, estigmatiza y en un descuido puede ponerle fin abrupto a la existencia.

¿De dónde surge este afán autodestructivo, compartido, literalmente por millones de personas en todo el mundo? ¿Qué buscan quienes consumen drogas, o mejor dicho, qué encuentran en una zona de evidente peligro, plagada de malandrines y malestares; para qué correr riesgos tan absurdos? ¿Tan grande así es el poder de la droga? ¿Así de estúpida es la especie humana? Cuesta aceptarlo, pero si aplica uno el puro sentido común, así parece.

Pero por algo se afirma que el sentido común es el menos común de los sentidos. Y el uso de drogas es un fenómeno milenario, ubicuo y multifactorial. Millones de personas se están drogando en el momento en que se plasma esta idea en pantalla. El ámbito de influencia del consumo de sustancias psicoactivas abarca desde lo molecular hasta lo social. De la biología a la filosofía, del campo de la salud hasta los derechos humanos. Son muchos millones de usuarios y usuarias de distintos calibres, y no todos califican como idiotas.

En las páginas que siguen, salen al balcón para su análisis los distintos elementos que intervienen en esta representación de la complejidad humana: la sustancia, las personas, las relaciones entre ambas. Se aclaran conceptos: uso, abuso, adicción, dependencia. Se hace la diferencia necesaria entre efectos y consecuencias, se analizan contextos, todo lo que se pueda en el espacio disponible. Disculpen las molestias que a las buenas conciencias pueda causarles esta obra. Se levanta el telón y que empiece la función.

¿Cuánto sé sobre sustancias psicoactivas?

¿Se puede ser adicto al café?
Sí. De hecho, ha sido ilegal; en Rusia, hace muchos años, a los bebedores inveterados se les cortaban las orejas. Es la única época histórica en que se registran estragos físicos severos entre los consumidores, que llegaban a empacarse varios litros de *café turco* en un día. Sufrían ataques de ansiedad y diarreas continuas.

¿Cuál es la droga más peligrosa que se conoce?
La preferida de cada quien; la que conduce a la persona al uso problemático; la que no puede dejar una persona a voluntad.

¿El alcohol es un estimulante o un depresor nervioso?
Es el depresor nervioso por excelencia.

¿La tacha es una tableta hecha de cocaína y bicarbonato?
No. La tacha es metilen-dioxi-metanfetamina y sus precursores son muy distintos. Es un derivado de la feniletilamina, de la familia de las anfetaminas.

¿El crack, se inyecta o se fuma?
Ambas. Sin embargo, no es apto para inyectarse. Los usuarios por esta vía sufren graves irritaciones e infecciones de la piel y tejidos subyacentes. Se les hacen hoyos.

¿La mariguana comida hace menor efecto que la fumada pues una proporción se destruye en el tubo digestivo?
No. El efecto puede ser incluso más intenso, pues como tarda más en manifestarse, l@s usuari@s tienden a ingerir dosis mayores a las habituales en fumadores.

¿El principio activo de la anfetamina se obtiene de un cactus llamado peyote?
No. Las propiedades alucinógenas del peyote provienen de su contenido en mezcalina.

¿Las drogas legales, son legales porque se ha demostrado que no le hacen daño al organismo?
De ninguna manera. Las drogas legales sólo son seguras bajo control médico, pero justamente están bajo control por sus peligros potenciales.

¿Consumir éxtasis una vez ya te convierte en adict@?
No. Poco veneno no mata. La adicción es un proceso derivado del uso continuado de una sustancia.

¿Cuáles son las sustancias que por sí mismas o mezcladas con bebidas generan pérdida de la memoria y pueden conducir al sexo no deseado?
Las llamadas "drogas de antro"; GHB y Ketamina o K. Aunque el abuso de cualquier sustancia psicoactiva por definición nubla los sentidos, el buen gusto y la decencia y puede conducir a la cama equivocada.

¿La mariguana mata células cerebrales?
Probablemente no, pero puede afectar la memoria.

¿Fumar cinco cigarrillos de mariguana seguidos puede ser mortal?
No. La mariguana nunca mató a nadie; ni siquiera a animales de laboratorio sobredosificados.

¿Las bebidas "inteligentes" son drogas?

Sí que lo son, pues cualquier sustancia capaz de alterar el estado de ánimo califica como tal. Son estimulantes y combinarlas con alcohol es una pésima idea.

¿El éxtasis es alucinógeno?

El éxtasis se ha clasificado como "alucinógeno afectivo" pues genera sentimientos de empatía con cualquiera que esté cerca.

¿La anfetamina mejora la capacidad de aprendizaje?

No. Pero es utilizada para prolongar la vigilia y terminar trabajos puntualmente o conducir vehículos durante horas y horas. Son las favoritas de los traileros.

¿Cuál es la mejor edad para empezar a beber alcohol?

Ninguna, aunque esto es utópico. Sin embargo, al llegar a la edad adulta se supone que las personas ya saben lo que les conviene y lo que no.

¿Cuáles sustancias que se adquieren con receta médica y que se venden por millones pueden trastornar la memoria?

Los tranquilizantes menores o benzodiacepinas, de la familia del Valium y el Tafil, habituales ocupantes de burós.

¿Cuál es el anestésico de uso veterinario que se utiliza en los antros para aturdir y muchas veces abusar sexualmente de una persona?

GHB y Ketamina.

¿Cuál de las drogas de uso común fue sintetizada con el propósito de curar el asma bronquial?

La anfetamina. (No confundir con el *éxtasis*).

¿Es el éxtasis una sustancia joven en el mercado?

No. Los laboratorios Bayer la sintetizaron en 1912.

¿La heroína es una droga de diseño?

En efecto, es la abuela de las drogas de diseño.

¿La droga LSD se llama así en honor a una canción de los Beatles?

No. Son letras extraídas de la fórmula química: *Lisergic Acid Dietilamide*.

Capítulo 1

Capítulo 1
Las sustancias
CAPÍTULO 1
Las sustancias
CAPÍTULO 1
LAS SUSTAN-
CIAS
Capítulo 1
Las sustancias

Las sustancias

La palabra "droga" se escucha varias veces al día en todos los hogares, en las calles y en centros de trabajo, desde talleres y en el transporte público, universidades u oficinas de gobierno. Auténticamente está en boca de todos, del infante al anciano, mujeres, hombres, travestís. El tema ocupa espacio en las primeras planas de los diarios casi todos los días de la semana y el "narco" es personaje hasta en rondas y juegos infantiles. Decomisos y sobredosis son temas de conversación que se disputan las charlas en las mesas de los cafés y bares con los resultados deportivos. La violencia de la Guerra para las Drogas tiene aterrorizada a la colectividad dondequiera.

Sin embargo, como ocurre con las estrellas cinematográficas del momento, se habla mucho de las drogas sin conocimiento de causa y el ocultamiento, la mentira y la hipocresía han creado mitologías que envuelven el mundo del consumo de las sustancias sin apego a la evidencia científica.

En este asunto, como el rostro de los artistas, la realidad está supermaquillada, oculta tras una nube mentirosa de balazos y de vapores de mota. La ciencia y la verdad ceden su lugar a criterios morales, prejuicios y opiniones avaladas por el miedo. Se sataniza a las sustancias y se estigmatiza a los usuarios. Se pretende tapar el sol con un dedo. Pero ya sabemos que la luz encuentra grietas para asomarse.

Lo peor del caso es que se distrae la atención del respetable empoderando a las sustancias, a las que se les achaca un poder maligno e imparable sobre los individuos, y se olvida mencionar la parte más importante de esta ecuación, de doble vía: las y los usuarios. Y aquí mencionamos por primera vez lo que habremos de repetir sin duda a lo largo de este texto varias veces de distintas maneras: más importante que la zanahoria que está al final de la estaca, es el burro —o la burra— que la persigue. Las sustancias en sí mismas son inofensivas. Cuando se hace mal uso de ellas, la cosa cambia. Las personas y sus relaciones con sustancias riesgosas son lo que nos preocupa. En una palabra: seguridad.

Las sustancias sólo adquieren sentido y carácter de salvavidas o verdugos de acuerdo con el uso que se les dé en la práctica de cada individuo o de cada comunidad en particular. Ya lo decían los pioneros de la medicina, como Hipócrates el griego y Galeno el romano: la diferencia entre una medicina y un veneno es la dosis. Y podríamos agregar: todo depende de cómo, cuándo, dónde, quién y también con quién.

Hipócrates afirmó que la diferencia entre un alimento y una droga es que ésta última es capaz de vencer al cuerpo en lugar de ser vencido por éste.

¿Cuántos tipos de drogas hay?

En la bibliografía internacional se pueden recabar distintas clasificaciones de las drogas, de las cuales mencionamos las que nos parecen más interesantes y pertinentes.

Por su procedencia, las drogas se clasifican en *naturales*, esto es, que ocurren naturalmente en la naturaleza, y *sintéticas o artificiales*, creadas por la mano humana gracias a un proceso físico o químico. Se alega en muchas fuentes, no sin razón, que, salvo excepciones, las drogas naturales son menos dañinas que las artificiales, pues en una planta el principio activo forma parte de un conglomerado de compuestos que modulan o pueden moderar su actividad biológica y su toxicidad, mientras que en las drogas obtenidas en laboratorio se aísla un principio activo que incrementa la potencia del efecto buscado, pero también su potencial daño al cuerpo. Un ejemplo clásico podría ser la aspirina, derivada de la corteza del sauce. Un té de sauce aunque esté bien concentrado y amargoso, no lastimará el estómago como varias tabletas de aspirina tomadas juntas, que pueden ocasionar un sangrado de tubo digestivo.

Las drogas durante un tiempo también se clasificaron, por un criterio similar al anterior, en *blandas* o *duras*, pero con la experiencia acumulada se reconoció que cualquier droga es dura si "se le mete duro" y que muchas drogas blandas pueden terminar tirándole los dientes y quebrándoles los huesos a sus usuarios. Por ende, esta clasificación ha caído en desuso y la mencionamos nomás de pasadita.

También, y esto es muy importante para los usuarios, hay drogas *legales* e *ilegales*. Esta clasificación no sigue criterios farmacológicos ni terapéuticos, es simplemente con fines de regulación sanitaria. Y en términos de regulación, hay tanto códigos nacionales como internacionales, que son a fin de cuentas los que deben honrarse (ver anexo 1).

Hay que grabarse bien un hecho: **el que una droga sea legal no la hace inofensiva.** De hecho, son dos de las drogas legales las que han causado más estragos a la población por los siglos de los siglos, a saber: el alcohol y el tabaco. El alcohol se ha ganado a base de brindis el calificativo de asesino serial y el cigarrillo, el puro, la pipa, el rapé y el tabaco masticable se llevan la palma de oro en decesos, calculados en nuestros días en cinco millones de muertes anuales.

El tabaco mata a más personas que todas las otras drogas juntas y el consumo excesivo de alcohol tiene situado a nuestro país a la cabeza en el número de casos de cirrosis hepática en el mundo. Ahora sí que la copa nos dio la copa.

Legales, ilegales, amargas, dulces, controladas o desenfrenadas: la lista contiene un poco de sal, de chile y de manteca. Sin embargo, tampoco agota las posibilidades de caer en compulsión (que es un impulso irresistible). Si nos asomamos al abismo de los misterios de la conducta y damos el paso al frente, resulta que no solamente la química da lugar a abusos y dependencias. Se puede abusar de todo y hacerse adicto o adicta no sólo a las drogas, sino a otros comportamientos que se consideran auténticos motores de nuestra especie, a saber: el sexo, el poder y el dinero.

De la misma manera, permanecer pegado a cualquier monitor, llámese chat, videojuego, internet o tele, también puede derivar en una dependencia de consecuencias nefastas. Y a la luz de investigaciones recientes los trastornos de la alimentación afectan a las mismas estructuras anatómicas y desatan reacciones bioquímicas semejantes a las que caracterizan el uso problemático de sustancias y computadoras. No en balde los números de personas con obesidad, anorexia y bulimia han crecido a la par que la cantidad de quienes usan sustancias que alteran la conciencia. Caras vemos, mañas, no sabemos. **No hay enfermedades sino enfermos; no hay drogas, sino gente que las consume.**

Si bien es útil asomarse a las clasificaciones que hemos mencionado y a otras más con fines de estudio y para avanzar hacia una Cultura de las Drogas por todas las rutas al alcance, la clasificación en que se concentrará este texto es la farmacológica, pues nos indica la naturaleza de la sustancia, sus efectos sobre el cuerpo humano y cómo repercuten en la conducta de las personas que las usan. Que hable la ciencia. Así pues, para los fines que convienen y de acuerdo con su índole química y por cómo interactúan con el sistema nervioso central, las sustancias se dividen en:

Estimulantes: aceleran la mente y el cuerpo. Dirección: *hacia arriba*.

Depresores: retrasan los reflejos, frenan los impulsos, bajan el volumen del pensamiento. Llevan a sus usuarios *hacia abajo*.

Alucinógenos: proyectan una realidad aparte, de acuerdo con el contenido mental de cada usuario. Cambian la percepción de formas, tiempo y espacio. Quienes las consumen van *para afuera*.

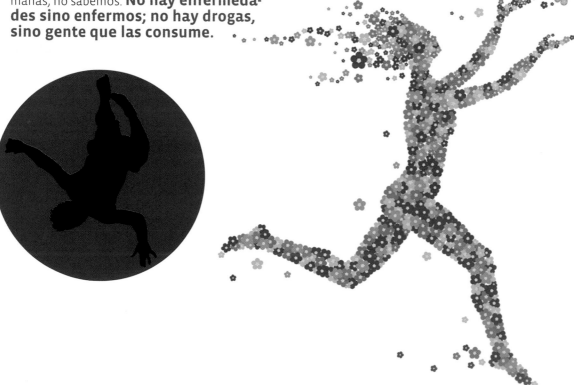

Más adelante se dedica un capítulo entero a cada una de estas categorías y a sus representantes más afamadas. Hemos utilizado el calzador en algunos casos para incluir en este esquema tripartita sustancias que por mérito propio se cuecen aparte. A cada uno de estos grupos de "élite", como los inhalables, opiáceos, anestésicos y otros, se les da atención personalizada, para cubrir el mayor terreno posible y no dejar títere con cabeza.

En un nicho aparte se colocará, sí que sí, *ou yeah*, al *Éxtasis*, pues la *tacha* está de moda, y a la mariguana o *Cannabis,* porque es la droga ilegal en muchos sitios más abusada en el mundo —millones de personas "se las truenan" a diario—, lo que proveerá una plataforma idónea para discutir temas como la descriminalización y el urgente cambio de rumbo en la percepción social del consumo de sustancias, hacia una ciencia consciente y respetuosa de los derechos humanos. **Moral y ciencia no se llevan, se cruzan como la mota y el alcohol.** Estas sustancias y otras deben dejar de ser tabú para despojarse de esa aura de misterio que funciona como miel para las moscas incautas que terminarán en rehabilitación por *pasarse de pasones jugando a ser grandes o rudas.*

Capítulo 2

El cerebro y la droga

Para que una sustancia se considere droga, debe ejercer sus efectos en el Sistema Nervioso Central, máximo ejecutivo de la economía corporal, celosamente vigilado por controles y "guaruras" químicos –la llamada *barrera hematoencefálica.*

Toda sustancia que pretenda cruzar "la aduana" cerebral debe cubrir ciertos requisitos; entre otros, ser altamente soluble en grasa, porque el cerebro está súper bien lubricado para que las ideas se deslicen mejor, aunque en muchos casos, más bien se tropiezan o se atoran con algo que las vence, como dijera el griego Hipócrates. En este mundo, ni ser droga es sencillo.

El cerebro es un privilegiado en el cuerpo, dadas sus funciones de gran responsabilidad como torre de control de todos los mecanismos corporales. La energía que contiene en cualquier momento podría encender un foco de 40 watts y cada minuto el cerebro se beneficia del veinte por ciento del gasto cardiaco total, o sea, se almuerza la quinta parte de la sangre y utiliza un porcentaje aún mayor del combustible que ingresa al organismo. A cambio de lo que recibe, genera muchísima energía y al repartirla mantiene miles de procesos activos y fluyendo simultáneamente y sin descanso las 24 horas de los 7 días de la semana.

Al abrir la bóveda craneana se contempla el asiento de toda emoción humana, de la envidia al amor, de la vergüenza al asco, las ideas geniales o babosas, los planes y los deseos, las preferencias y las comparaciones. Pero no sólo lo sublime; en esta masa gelatinosa y arrugada están los grupos o núcleos celulares que controlan las constantes vitales: la respiración, la tensión arterial, la frecuencia cardiaca. Las drogas son capaces de afectar todas estas funciones, para bien o para mal. Por ello nunca hay que tomarlas a la ligera: tocan el cuerpo, alteran los sentidos, estrujan el alma y ni al espíritu respetan. A lo mejor no habría que usar ninguna droga a menos de que fuera estrictamente necesario, cuando funcionan como medicamentos en el sentido amplio del término: la seguridad es lo principal.

Pero... ¿cómo funciona el cerebro?

El tema de la fisiología cerebral es fascinante, aunque esquivo. Si bien se sabe que el Sistema Nervioso Central trabaja a base de electricidad y mecanismos químicos complejos, esto no basta para conocer las motivaciones de las personas, ni mucho menos la relación exacta que guarda la química cerebral con la personalidad individual. Por ello, aunque se han descrito ciertos rasgos de la llamada "personalidad adictiva", la realidad es que hay adictos tímidos y procaces, depiladas y de pelo en pecho. Nada en claro más que el hecho de que cualquiera puede caer en el engaño, pues, como dijera Shakespeare: "denme un hábito y recogeré una costumbre; denme una costumbre y cosecharé una dependencia."

Aunque no hay aún tantos puentes firmes entre la neurología y la psicología como se quisiera, las neurociencias pretenden avanzar en esa dirección y, al menos, ya **se reconoce a la adicción como un proceso en el cual la repetición de un comportamiento y la consiguiente alteración de la química fisiológica del sistema nervioso desembocan en una enfermedad mental susceptible de ser tratada y controlada,** lo cual debe liberar a quienes la padecen del estigma que los etiqueta como viciosos, defectuosas de fábrica o débiles de la voluntad.

Mucho ojo crítico es menester para evitar caer en generalizaciones que son erróneas: no todos los consumidores de sustancias psicoactivas califican como enfermos mentales: sólo una pequeña

proporción, de alrededor del 10% del total de usuarios de drogas cubre el perfil del paciente adicto o dependiente químico, y es susceptible de tratamiento. Los demás son usuarios, si acaso son neuróticos, pero eso es otra cosa muy distinta que se trata de otro modo.

En efecto, la adicción representa uno de los usos más problemáticos que se le pueden dar a una sustancia, pero no se necesita estar enferma del coco para probar una droga ni haberla probado de manera experimental lo ubica a uno como paciente psiquiátrico. Por el contrario. La experimentación en carne propia, o tratar de desentrañar un misterio, o explorar un territorio vedado por prejuicio de las generaciones anteriores, son comportamientos comunes a la humanidad en su conjunto, sobre todo entre la población juvenil crítica y desafiante. Aguas con los juicios, pueden voltearse en contra de quien los hace, pues a la juventud le toca la difícil misión de sacar al buey de la barranca, y lo hará, . qué duda cabe, más por su capacidad de innovar que por su obediencia a patrones de comportamiento que nos tienen a todos al borde del desastre ecológico.

El cerebro en acción

La unidad anatómica y funcional del cerebro es la *neurona*, compuesta por un cuerpo con su núcleo que dan la imagen de un huevo frito poligonal; una especie de cabellera despeinada a cuyos cabellos se les nombra *dendritas* y un cable que conecta a la siguiente neurona, denominado *axón*. La transmisión de la corriente es en un sólo sentido: las dendritas reciben mensajes de las neuronas vecinas y lo transmiten a la que sigue a través del axón. Sin embargo, los mensajes que recibe el cerebro rara vez quedan sin respuesta, y ésta puede ser física, como retirar la mano del fuego; emocional, como sentir que un beso acelera el corazón y lo inflama en sentido figurado; o angustiosa, cuando uno no hace nada con el estímulo que acaba de recibir y lo deja dando vueltas sin ton ni son en el terreno de la indecisión o del prejuicio. Ahí hay peligro.

Cada neurona puede estar enlazada con miles de otras neuronas creando asociaciones, analogías y procesos dinámicos en varios canales de comunicación, en respuesta a las percepciones externas o a las necesidades internas del organismo. Hay más millones de neuronas que de mexicanos y todas trabajan al unísono. Algunas son excitadoras y otras inhibidoras. Igual que la gente.

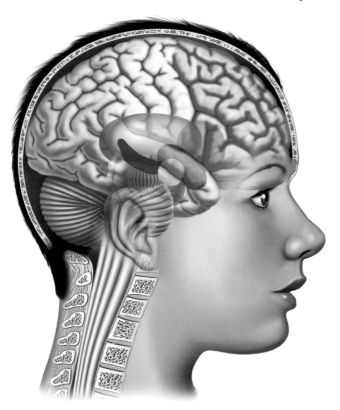

Amígdala

Hipocampo

Sistema límbico

Núcleo Accumbens

Corteza del lóbulo frontal

Hipotálamo

Tallo cerebral

Uniones y enlaces

A pesar del contacto estrecho que existe entre estas células especializadísimas y de la compleja red de comunicación que hay entre ellas, nunca llegan a tocarse, sólo se aproximan una a la otra para formar *sinapsis*, que son uniones parecidas al foso que rodeaba los antiguos palacios medievales, y en las cuales la señal eléctrica original se convierte en una danza química en la que intervienen sustancias con poderes casi mágicos, los *neurotransmisores*, cuya chamba es pasar los mensajes de una neurona a otra a velocidades que en ocasiones superan los cien metros por segundo.

En la placa sináptica, por el lado que corresponde a la neurona que recibe el estímulo, existen estructuras llamadas convenientemente *receptores*, a los que se unen los neurotransmisores como llaves en cerradura para desatar la reacción en cadena que culmina en una emoción, movimiento o decisión. En este sentido, hay mensajes excitadores, que activan a la neurona receptora, y señales inhibitorias, que le indican que se quede quieta.

La estructura molecular de las sustancias psicoactivas se parece mucho a la de los neurotransmisores y por este parecido, las drogas y fármacos son capaces de suplantar a los mensajeros químicos en muchos de sus sitios de acción; las sustancias psicoactivas son impostores que engañan a la barrera hematoencefálica; se meten "hasta la cocina", al alcanzar a la neurona transmisora exprimen las terminales, invaden e inundan la placa sináptica de neurotransmisores en exceso, sobre todo, de una "dama que lleva la música, la risa y la danza por dentro", la *dopamina*. Se desata el jolgorio donde la actividad estaba en equilibrio. Si el cerebro fuera una fiesta, las drogas serían los "gorrones", que nadie conoce pero llegan de no sé donde y acaban con todo.

Cabe un paréntesis lógico: si las drogas se parecen a los neurotransmisores, también viceversa, lo cual quiere decir, sin más, que **el cerebro produce sus propios estimulantes, depresores y hasta alucinógenos,** no debiera necesitar envíos foráneos, sino más bien entrenarse para sacar provecho de lo que la naturaleza le ha aportado.

Pero es cierto que las sustancias psicoactivas hacen que las terminales nerviosas produzcan mucho más dopamina y otros neurotransmisores que los estímulos normales, la gasolina habitual se convierte en combustible para nave espacial, por lo que el cuerpo eventualmente se tira en la hamaca y deja de producir lo que se le proporciona de afuera. Gracias a esto, al preten-

El neurotransmisor excitador por excelencia del sistema nervioso central es el aminoácido *glutamato*; mientras que el inhibidor más común es otro aminoácido, el *ácido gama-aminobutírico*, mejor conocido como GABA.

Izquierda: sinápsis; neuronas unidas por sus dentritas. Derecha: detalle del acercamiento de dos axones.

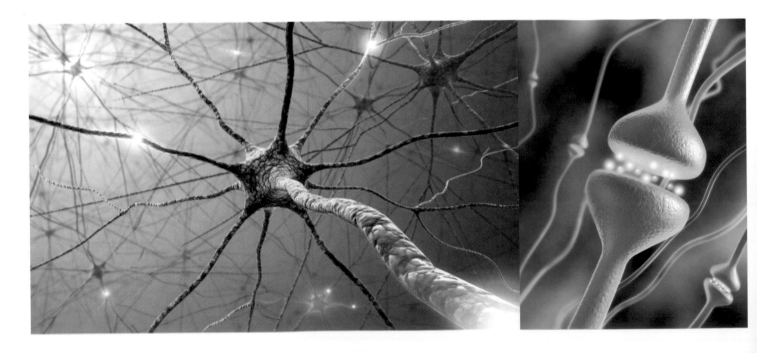

der cesar el consumo, todas las glándulas se hallan desprevenidas y tardan en recuperar su capacidad para generar neurotransmisores.

Se instala entonces un periodo de sufrimiento intenso que se denomina **síndrome de abstinencia,** que es más o menos duradero, desesperante y peligroso de acuerdo con la sustancia de que se trate.

Asimismo, con el uso continuo de las drogas y según el sapo, aparece el fenómeno de la **tolerancia,** definido como la necesidad de incrementar la dosis consumida para llegar al efecto deseado y que explica, por ejemplo, que una persona adicta a la coca pueda consumir en un evento la cantidad que mataría a un usuario de primera vez. Los mecanismos se desquician.

En el cerebro hay áreas encargadas de tareas específicas. El movimiento, las sensaciones, el equilibrio: todo tiene su representación espacial, su morada cortical. Si comenzamos desde abajo, de la médula espinal hacia arriba, como si el sistema nervioso fuera una flor, poco más arriba del ingreso de la médula en el cráneo, en un engrosamiento medular llamado *tallo cerebral* reside un piloto automático: la respiración, el despertar del sueño, los latidos cardiacos y otros ciclos vitales se regulan aquí, como en un cuarto de máquinas programadas por la naturaleza. Un poco por encima

del tallo, en el centro mismo del cerebro, está el *sistema límbico* —de limbo o frontera—, que es justamente la línea divisoria entre lo puramente inconsciente, la subconsciencia y el estado de alerta: la conciencia (ver esquema de p. 19).

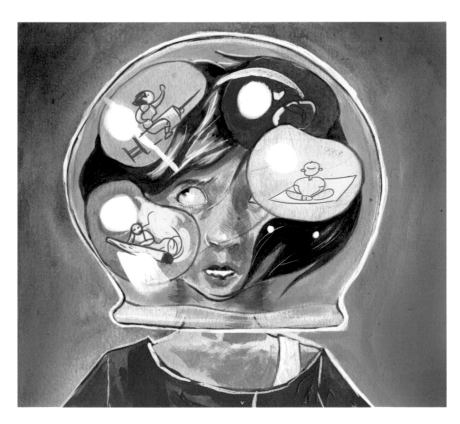

¿Cuáles son algunas de las posibles razones para consumir drogas?

Adaptadas de criterios del *National Institute of Drug Abuse, NIDA,* 2007.

1 Para sentirse bien: la mayor parte de las drogas de abuso producen sensaciones intensas de placer, si bien quien las use habrá de decidir si le gusta acelerar, frenar o escapar hacia el país de la fantasía.

2 Para sentirse mejor: algunas personas inician su abuso de drogas en un intento por automedicarse ante cuadros de excesivo estrés o depresión. En efecto, el estrés es uno de los grandes precursores contemporáneos de las malas relaciones y de los malos hábitos. Y la depresión es una de las máximas preocupaciones presentes de la salud pública mundial, pues el modelo consumista y sueño americano de vida: "tanto tienes, tanto vales", ya no le satisface a nadie. Hay quien se droga simplemente por aburrimiento, aunque pueda tenerlo todo.

3 Para mejorar el rendimiento: la necesidad de competir y de destacar en la competencia, tanto académica como laboral e incluso deportiva, también impulsa a muchas personas a consumir lo que el mercado ofrece para mejorar el rendimiento y "triunfar".

4 Por curiosidad y porque "tod@s lo hacen": las adolescentes y los adolescentes son particularmente vulnerables a buscar su integración a grupos o a ceder a la presión de los pares. También en esta época de la vida se gusta de incurrir en acciones "valerosas", distintas o desafiantes. Para demostrar y demostrarse que uno "se la rifa".

Cuadro 1

Algunos neurotransmisores y sus propiedades

MISCELÁNEOS		
	Acetilcolina:	• Interviene en la contracción muscular. Participa en la generación de recuerdos y en el aprendizaje. Regula la motilidad intestinal y la actividad de algunas glándulas.
	Histamina:	• Participa en la respuesta inflamatoria y está muy activa en las alergias.
	Adenosina:	• Regula la frecuencia cardiaca y la vasodilatación. Inhibe ligeramente la liberación de noradrenalina.

AMINOÁCIDOS		
	Glutamato y aspartato:	• Funciones excitadoras.
	GABA y Glicina:	• Funciones inhibidoras.

MONOAMINAS		
	Adrenalina y noradrenalina: (también llamadas epinefrina y norepinefrina)	• Responsables del estado de alerta; regulan el hambre y la saciedad, aceleran el corazón. Ayudan al aprendizaje y se liberan en gran cantidad ante el peligro.
	Dopamina:	• Se dice que convierte las emociones en movimiento, que determina la alegría y extrae de la bodega al "artista salvaje" que traemos dentro. Es la neurotransmisora más mencionada y afectada en los procesos adictivos, la más solicitada por las sustancias psicoactivas; la dopamina participa en procesos tanto emocionales como cognitivos. Se la ha llamado "la molécula maestra de la adicción".
	Serotonina:	• Regulación de la temperatura y el dolor. Responsable en gran medida de la percepción del placer y de mantener el estado de ánimo en equilibrio.

PÉPTIDOS		
	Endorfinas:	• Son neuromoduladores, equilibran las acciones de los neurotransmisores y son nuestros analgésicos naturales, cien veces más potentes que la morfina externa. También intervienen en respuestas afectivas. Al enamorarnos, liberamos endorfinas.

El sistema límbico es la mítica tierra del instinto, del goce y del misterio de las emociones. Como representantes destacados de las estructuras presentes en esta zona fronteriza, involucrados en las cuestiones relacionadas con nuestro tema de sustancias "ponedoras y delirantes", cabe mencionar, entre otras estructuras:

• El *hipotálamo*, fuente de todos los placeres, regulador de la respuesta hormonal.

• El *hipocampo*, que es uno de los encargados de seleccionar para la memoria los eventos memorables del momento y que está plagado de receptores a mariguana y alcohol, entre otros compuestos;

• El *núcleo accumbens*, estructura repleta de neurotransmisores de acción y con gran afinidad por los estimulantes, anfetamina y cocaína;

• Y *last but not least,* la *amígdala*, que abre los apetitos y genera impulsos a veces medio riesgosos para sus usuari@s (ver esquema de p. 19).

Si se avanza hasta la cumbre de la masa encefálica nos asomamos a lo que muchos autores han llamado vanidosamente "el pico y obra magna de la evolución natural": la *corteza cerebral* o *neocórtex*, supuesto asiento de la conciencia humana. No todo el mundo la usa, es cierto. La "laptop" que traemos sobre los hombros viene sin instructivo y así como aprende, olvida, se llena de virus y, en un descuido, nos la *hackean* con ideas ajenas y comerciales de televisión.

El proceso de maduración del sistema nervioso central se completa en poco más de 20 años y la última parte que madura es justamente la corteza del lóbulo frontal, donde residen preferencias, juicios y su consecuencia: la personalidad de cada quien. Y es un mecanismo sujeto a error.

Si el cerebro madura acompañado por una sustancia psicoactiva, se condiciona a los neurotransmisores originales a "caminar con muletas" de manera permanente, como quien jamás le quita las rueditas auxiliares a su bicicleta. **Gran parte de la madurez del sistema nervioso central es más social que biológica.** He ahí una de las particularidades de nuestra especie: dime donde creciste y te diré si comes con tenedor o palillos, mientras que un perro donde quiera que haya nacido, esquimal o chihuahueño de Hollywood, huele traseros y alza la pata —si es macho— para no mojársela al orinar. Cada grupo, cada banda, cada clase social tienen su droga consentida, una mascota metabólica que les ronronea a todos los que comparten modas en el vestir y en las ideas, y les otorga identidad y estatus. Porque el precio sí importa.

El circuito de recompensa y los comportamientos reforzadores

En la parte central del cerebro, la *amígdala* y el *núcleo accumbens*, que mencionamos antes, se comunican con una porción de la corteza, la *corteza prefrontal*, para formar entre todas un circuito reforzador de conductas que se denomina: *cascada de recompensa* o *circuito de recompensa*, o *sistema de recompensa*.

Cuando un estímulo desata una respuesta positiva a nivel de este circuito de recompensa, el cuerpo siente placer o garantía de sobrevivencia, y por ello buscará repetir la experiencia. Se trata de un reforzador *positivo*. Si por el contrario, la respuesta es desagrado o aversión a lo que se hizo o se probó, el estímulo es un reforzador *negativo* y la persona no querrá repetirlo más. O sea, en este nivel es donde uno decide: "me gusta, quiero más, o ni maíz paloma, no me des de eso".

Todas las drogas conocidas, estimulantes, depresoras o alucinógenas, activan esta *cascada de recompensa* que fue diseñada originalmente, como ya se explicó, para garantizar la supervivencia de la especie seleccionando lo que le conviene, pues también se mueve en respuesta a otros estímulos naturales, donde se busca la vida el ser humano, como los alimentos, el apapacho afectivo y el sexo. La amígdala origina impulsos y apetitos, el núcleo accumbens prepara los motores, y la corteza prefrontal decide si se lleva a cabo la acción o no y si me gustó y va conmigo o no. Las sustancias terminan por adherirse a la personalidad de quien las selecciona y van con ella a todas partes.

Dicho sea de paso, una de las razones por las que las personas adictas o dependientes no pueden abandonar con un simple giro de su voluntad el uso problemático de sustancias es porque al dejar de consumir sienten "amenazada su vida". No es cuestión de sólo "echarle ganas".

Al cruzar la raya de la adicción y la dependencia ya no se sale así nomás de la arena movediza sin ayuda: se está en presencia de un padecimiento crónico, progresivo y mortal, como lo definen en Alcohólicos Anónimos, que debe ser tratado por alguien con experiencia en esos asuntos.

La dichosa *amígdala* —que no tiene nada que ver con las anginas aunque se llame igual—, está muy activa sobre todo en la adolescencia, induce a conductas de riesgo, desafía límites con tal de saciar sus hambres, pero no mide consecuencias: se come la pizza sin acordarse de que luego se lamentará por los barros en la punta de la nariz. La amígdala sigue sus corazonadas y le vale sorbete la opinión de la conciencia. Es la estructura que dice: "más vale pedir perdón que pedir permiso".

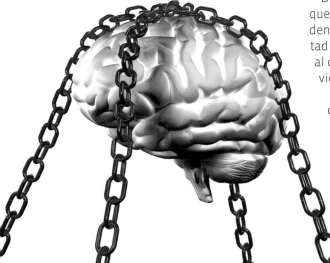

Capítulo 3

CAPÍTULO 3

ADICCIÓN

DEPENDENCIA

dependencia

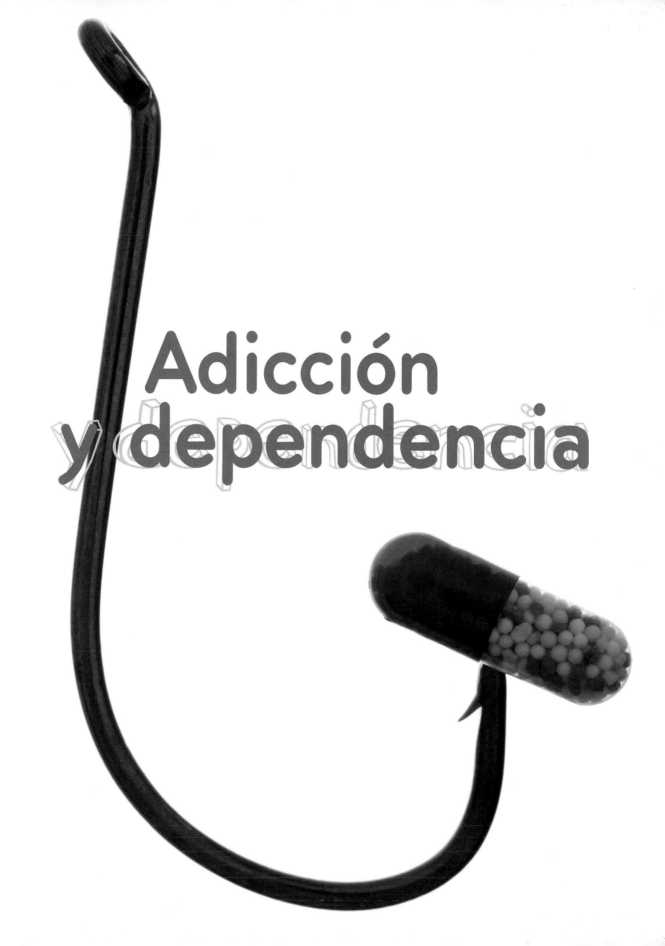

Adicción
y dependencia

Éste es quizá el punto más álgido de todos: la relación que se establece entre el comprador y la mercancía, entre la persona y la sustancia que altera su conciencia. Y es también en este punto donde hay más dudas, ignorancia y controversia. ¿En qué momento se cruza la línea? ¿Cuándo ocurre la alienación y la persona cede el dominio de sus actos a un producto externo? Lamentablemente, casi siempre se habla "a toro pasado" y la víctima reconoce el lodo del pantano cuando ya lleva rato atascada en la mugre.

Una de los varios significados que se le ha dado a la palabra *adicción* es: lo que no se dice, como quien dice, no quiero que se sepa lo que activa mi cascada de recompensa, cuál es mi vicio, cómo me comporto en privado cuando ya no hay nadie a quien apantallar o engañar. Otro significado es *esclavitud*, qué o quién se apoderó de mi voluntad, a quien "se las di".

Una de las definiciones científicas más recientes señala que **adicción es: la repetición compulsiva de un comportamiento o de un consumo, a pesar de sus consecuencias negativas para el o la usuari@.**

Es claro que aquí aplica el uso repetitivo y problemático de alcohol, nicotina, opiáceos, cocaína y otros "tónicos de la mente", pero no sólo eso, sino que también involucra cualquier otra compulsión: comer en exceso y otros trastornos de la conducta alimentaria, así como entregarse sin juicio a los juegos de azar o al sexo compulsivo, que en muchísimas ocasiones son actividades que acarrean consecuencias funestas.

Otras "telarañas contemporáneas" que disparan comportamientos adictivos y recompensas mentirosas pueden agregarse a esta lista, siempre incompleta de *vicios y costumbres*: teléfonos celulares, videojuegos, chateos y computadoras en general. Los estímulos que activan la cascada de recompensa son de diversa índole: químicos, físicos, biológicos, plásticos o de "carne y hueso".

Tipos de adicción (según Carmen Millé)

Adicción al consumo
Adicción al ritual
Adicción al marco de pensamiento

Técnicamente, para poder afirmar que hay adicción, se requiere de la presentación durante un año cuando menos, de tres o más de las siguientes características:

1 Tolerancia: cada vez se requiere más para lograr el alivio de los malestares o el estado que se desea.
2 Dependencia física: al suspender la droga aparece un síndrome de abstinencia. La célebre resaca o cruda.
3 Consumos de mayor cantidad o durante más tiempo del que se pretendía.
4 Incapacidad para controlar o interrumpir el consumo.
5 Cada vez se emplea más tiempo en actividades relacionadas con la obtención y consumo de la sustancia.
6 Sacrificio de otras fuentes de interacción social, laborales, estudiantiles, de placer o diversión. El consumo convertido en "eje" sobre el cual gira la vida.
7 Necedad por consumir a pesar de percatarse de que hace daño.

Aun bajo estos criterios, los expertos no se ponen de acuerdo si adicción y dependencia química son la misma cosa. Se dice que la adicción es más bien psicológica, mientras que la dependencia tiene un origen biológico. En realidad, **tanto la psicología como la biología están presentes en todos los casos,** como el jitomate y la cebolla en el pico de gallo; así es que para no hacerse bolas, **conviene hablar de: uso problemático de sustancias;** que es un mensaje claro y suena menos gacho que adicción, farmacodependencia, toxicomanía o drogadicción, términos que llevan como apellido un estigma, que es más difícil de erradicar que la enfermedad adictiva en sí. Hay de usos a abusos.

No todo usuario es adicto

Hay usuari@s esporádic@s o moderad@s de sustancias psicoactivas que no han cedido su capacidad de decisión, mucho menos su voluntad a una sustancia o a un *dealer,* y que no parecen haber sufrido consecuencias perniciosas por su costumbre. Son *usuari@s* que desarrollan relaciones sanas con esas sustancias.

Hay hábitos que se adquieren por razón cultural y, aunque dañan al organismo a la larga, no repercuten ni en la esfera médica ni en la criminal. Por ejemplo, el hábito de escanciar con vino las comidas que prevalece en muchas partes de Europa, lo cual a veces perjudica los hígados, pero mantiene permeables las arterias de muchos españoles y franceses que son grandes bebedores desde niños.

Hay quienes abusan una vez al año, o unas cuantas, del alcohol u otra sustancia psicoactiva y desde luego no califican como adict@s, aunque sí representan un problema cuando salen armad@s de un vehículo a la calle. **Nadie nunca debe manejar nada que se mueva bajo el influjo del alcohol o cualquier otra sustancia que altera la conciencia y los reflejos.**

Finalmente, hay usos *culturales* para muchas plantas y otros representantes del reino vegetal, como el peyote, la ayahuasca o los hongos alucióngenos, en el campo de la religión o de la *etnomedicina*, que no solamente no representan un uso problemático de sustancias, sino que hay quien sugiere que pudieran aprovecharse para el tratamiento de los trastornos ocasionados por la compulsión y por haberle vendido el alma a algún demonio vestido de promesa de felicidad eterna, como la cocaína o el alcohol.

Si hemos de ser analíticos y justos, un vicio no es un crimen; *uso, abuso y adicción* no son lo mismo y todo ser humano gusta de engancharse a alguien o a algo; de treparse al autobús y dormir hasta que llegue su parada. Aunque *la compulsión al consumo* es la que se reconoce en general como adicción, también se menciona que se forman lazos de dependencia con *rituales,* como las circunstancias que rodean la obtención y el consumo de cada sustancia en particular, y con *marcos de pensamiento,* como son las ideologías o los partidarismos, que han llegado a ocasionar tragedias y hasta guerras por ideas religiosas encontradas, e incluso por tonterías tales como errores arbitrales en una cancha de futbol.

La adicción no es automática ni de contagio inmediato como las enfermedades virales, sino resultado de un proceso, de la repetición de un comportamiento, de un condicionamiento a veces precedido por una predisposición genética o por una situación social de alta vulnerabilidad.

CAPÍTULO 4

Capítulo 4

Estimulantes

Estimulantes

**Representantes principales:
nicotina, cocaína, anfetamina,
metanfetamina, efedrina,
metilfenidato (Ritalin),
metcatinona (khat).**

Los estimulantes brindan energía extra de manera inmediata, desbordan muchas ideas por minuto en el pensamiento y aportan la sensación de que se poseen el poder y la resistencia física para llevarlas a cabo en el acto. Pero atención, éstos no llegan de afuera aunque todo pareciera indicarlo. Se trata de la sobreutilización de los recursos y de las reservas de combustible que el propio cerebro y el cuerpo tienen ahorradas.

En nuestro tiempo, en el que insiste que "más es mejor", acelerar se considera más deseable que frenar y eso puede explicar el importante repunte del consumo de estimulantes en todo el mundo en las dos o tres décadas pasadas, destacándose el consumo de la cocaína y las anfetaminas con sus respectivas mafias familiares.

Por sus propiedades farmacológicas estas familias aceleradoras generan agresividad, elevan la adrenalina y desencadenan la respuesta biológica "ataque-fuga", lo malo es que a nivel social hacen lo mismo, dando origen a los famosos cárteles de las drogas que las controlan y distribuyen y generan violencia, ataque y fuga a raudales por todas partes.

Vale el siguiente comentario: uno de los argumentos más sólidos que existen a favor de la revisión del estatus legal de las drogas es que urge ponerlas en manos de las autoridades pertinentes, que así asumirían la responsabilidad de regular y controlar la distribución y el comercio de productos que representan un riesgo y un peligro reconocido para la población, en lugar de voltear hacia el otro lado y dejar que los villanos hagan su agosto a costillas de la ingenua clientela que limosnea, roba y es capaz incluso de matar con tal de obtener su veneno favorito. Por eso se ha dicho que la droga es la mercancía perfecta: se promueve solita.

Hay una dosis importante de razón en estas ideas, pues la moral no debe interferir con la justicia y la ciencia debe ponerse al servicio de la ética, no de la política. Como dijera Eduardo Galeano, escritor uruguayo: "Si una enfermedad se vuelve negocio y ese negocio se vuelve delito, ¿es justo castigar al enfermo?". **Los estimulantes mismos no tienen la culpa de su mala fama ni del mal uso que se les ha dado por algunas de sus propiedades.**

Efectos generales notables de los estimulantes

Estimulante es sinónimo de energía y más energía, "pedal y fibra" para la mente y el cuerpo, aumento del estado de alerta, pupilas dilatadas, gente parlanchina e inquieta que identifica esta euforia como un estado placentero, deseable y atractivo. Al mismo tiempo, se experimenta aumento de la presión arterial —por vasoconstricción o cierre de los vasos sanguíneos— y de la frecuencia cardiaca, así como la dilatación de los bronquiolos, con un mayor ingreso de aire a los pulmones (la efedra —*Ma Huang*— se ha usado durante siglos como tratamiento para el asma en China). Con estimulantes también se aumenta la necesidad de mantenerse en movimiento y las ganas de ir de aquí para allá en atención y espacio, por lo que se dice que los estímulos son psicomotores, o sea, de la mente y del cuerpo. En los años setenta se usaban preparaciones de anfetamina para estudiar.

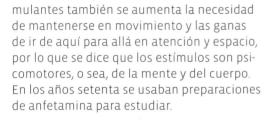

Consecuencias

A dosis altas o con el uso cotidiano prolongado de coca, crack, piedra, anfetas, *speed* y otros "parientes velocistas", la actividad locomotora se convierte en movimientos automáticos, repetitivos y nerviosos, pero imprecisos. Se presenta contractura mandibular permanente, con una mueca de fiereza y tensión angustiosa —casi como la sonrisa del Guasón de Batman—, así como rascado o pellizcos a sí mismo como si corrieran insectos bajo la epidermis, o la persona se mueve en círculos como si quisiera morderse la cola que no tiene.

Riesgos y peligros reales

En tres palabras fáciles de comprender, los riesgos más cañones del consumo prolongado o de dosis imprudentes de estimulantes son: **locura, adicción y muerte;** y esto no es el título de una película clasificación B, sino ciencia aplicada, experiencia pura y comprobable.

Al igual que pasa con otras drogas, como los opiáceos o los inhalables, la muerte puede ocurrir desde la primera vez que se use cocaína, anfetaminas o incluso efedrina, por convulsiones e infartos (cocaína); choque cardiovascular o paro respiratorio (anfetaminas, efedrina), o elevaciones malignas de la temperatura (sobre todo anfetaminas, pero también efedrina).

La locura asociada con el "mal viaje" de estimulantes se manifiesta como un cuadro de esquizofrenia paranoide. Esto es: el usuario está convencido de que todo mundo lo persigue y desea hacerle daño, escucha voces internas que le advierten sobre peligros imaginarios y se defiende con violencia de sus supuestos atacantes, —como hiciera don Quijote con los molinos de viento de su fantasía; pero el héroe de Cervantes no se metía anfetaminas ni cocaína—.

Milton Friedman, economista de la Escuela de Chicago y Premio Nobel, conocido conservador, opina que liberalizar las drogas reduciría la violencia y tendría múltiples ventajas sociales; sin embargo, advierte que mientras el narcotráfico reporte ganancias de miles de millones de dólares "subterráneos" al año, seguirán en la ilegalidad, para beneplácito de los grandes capos. ¿No resulta irónico y grosero que uno de estos personajes despiadados y de los criminales "más buscados por la policía internacional" aparezca en la lista de los hombres más ricos de México y del mundo? Regular parecería ser lo más sensato para evitar crear estos mitos y antihéroes.

El uso problemático de los estimulantes es de los más esclavizadores y adictivos por la gran euforia que aportan a sus fans los primeros episodios de la serie y porque la intensidad de los efectos se incrementa junto con la dosis consumida, lo que desata una compulsión creciente e imparable hasta topar con pared.

Asesina con licencia: *nicotiana tabacum*

La nicotina es la estimulante principal contenida en el tabaco —planta que nació, según una leyenda islámica, de la mezcla ingrata de la saliva del profeta Mahoma y del veneno de una víbora traicionera—.

Entre las sustancias de abuso es de las más adictivas y en definitiva, es la más letal de todas, aunque sea legal. Se trata del único producto que usado según las indicaciones del fabricante, termina por matar al usuario.

En efecto, el tabaco liquida a más personas que todas las otras drogas juntas, incluyendo a las numerosas víctimas de su cuate legal el alcohol. El tabaco es comparsa, música y acompañamiento, pues un alto porcentaje de consumidores de otras sustancias psicoactivas también fuma. El cigarrillo es el campeón de los suicidas a largo plazo: cinco millones de muertos al año en el mundo respaldan estas afirmaciones.

El reciente endurecimiento de los reglamentos antitabaco en defensa de los no fumadores ha repercutido en la disminución del número de fumadores, sobre todo adultos en México y otros países, lo cual es un ejemplo de que regular es una forma de prevenir. **Lamentablemente, por cuestiones de imagen, en este mundo donde importa más parecer que ser, una proporción importante de la adolescencia se inicia en el hábito tabáquico cada día en todas partes.**

Surge la duda ante los peligros que corre la juventud: ¿para combatir el tabaquismo sería correcto fumigar y esterilizar tierras, exterminar a la población rural que cultiva la planta, perseguir a balazos a los comerciantes, o de plano encarcelar y matar fumadores como ha ocurrido con otros vegetales como la mariguana o la coca, o es más conveniente ayudar quienes caen en las redes de la nicotina para que no se maten a sí mismos o a otros, regulando el consumo, la distribución y la venta a menores, de vehículos mortíferos cargados de nicotina, mi querido Watson?

Cuadro 2

Efectos de la intoxicación aguda con estimulantes en general

FISIOLÓGICOS

- Pupilas dilatadas (midriasis).
- Sudoración y escalofrío.
- Presión sanguínea alta.
- Latido cardiaco acelerado.
- Aumento de la temperatura corporal.
- Ausencia de apetito.
- Mandíbula apretada (bruxismo).
- Insomnio.
- Temblores.
- Convulsiones (en usuarios de cocaína).
- Dolor de cabeza ocasional.

PSICOLÓGICOS Y DE CONDUCTA

- Euforia, sensación de bienestar.
- Percepción personal de mayor vigor físico y de mejor rendimiento mental.
- Inquietud e irritabilidad.
- Hablar mucho y rápido.
- Mala concentración.
- Ego gigante.
- Estado de alerta excesiva, con curiosidad por el medio ambiente.
- Temeridad, suspicacia, paranoia.
- Descontrol de los impulsos, juicio trastornado.
- Agresividad e inestabilidad emocional, posible violencia.

La intensidad y duración de las manifestaciones inmediatas del consumo de estimulantes están directamente relacionadas con la concentración que alcancen en la sangre estos compuestos. Por eso se consume sin parar durante horas y horas, para mantener la euforia y sostener el ánimo festivo, o para seguir alerta y sin sueño por razones profesionales, como los choferes de distancias largas o los pilotos aviadores en las guerras; desde la Segunda Guerra Mundial hasta las incursiones norteamericanas en el Golfo Pérsico o Afganistán de años recientes.

Cabe hacer notar que el aumento de resistencia a la fatiga no mejora la puntería, como se demostró en las últimas guerras mencionadas, en las que los pilotos, en más de una ocasión atacaron blancos equivocados, civiles y no estratégicos. *Sorry, I´m speeding,* fue su justificación.

Quienes incurren en el uso problemático de sustancias casi siempre avanzan por la ansiedad de drogarse lo más posible lo más pronto posible. Por ello eligen atajos hacia su meta, aumentan la dosis, cambian la vía de administración, cambian a sustancias más "gruesas" o recurren a las mezclas. Las rutas de acceso rápido al cuerpo por excelencia son: fumar (*piedra* o *basuco* en el caso de la cocaína, *ice* o *hielo* en el caso de la anfetamina) e inyectarse, aun si las sustancias no resultan adecuadas para ello, como el *cristal* (metanfetamina) que cercena brazos, piernas y vidas completas al ser colocada en jeringuillas e inyectada a pesar de ser cáustica y corrosiva para los tejidos humanos.

Cocaína

La cocaína, ya sea en polvo (clorhidrato de cocaína o *nieve, Doña Blanca, perico*) o piedra (*crack* o *roca,* que parece terrones irregulares de azúcar) se extrae del arbusto de origen andino *Erythroxylon coca* y sus efectos son los mismos con cualquier forma química, aunque en polvo su acción es más breve, si acaso media hora, y por su costo es propia de seres "refinados" que la *esnifan* o absorben por la nariz a través de billetes o sobre cucharillas de plata, mientras que la *piedra* circula en la calle, donde se le fuma en diversos utensilios, desde focos hasta antenas de auto, latas o botes, pues en las barriadas se le reconocen a la *roca* las ventajas de un precio accesible y efectos que llegan a durar varias horas. Rinde más que el polvo.

Las usuarias y usuarios más ansiosos también se la meten en inyección para "acelerar el acelere", no les importa si la aguja está limpia o no, o si con ese piquete están ingresando al club de personas que "viven" con VIH/SIDA, cada vez más numeroso en este planeta. El "chiste" para ellos, es sentir el poder siquiera unas horas. Viaje ahora, pague después.

Cuadro 3
Efectos de la cocaína

INMEDIATOS	DOSIS ALTA	A LARGO PLAZO
• Ánimo elevado.	• Agitación y ansiedad intensas.	• Pérdida de peso.
• Reducción de la sensación de fatiga.	• Temores infundados y paranoia.	• Desinterés en actividades diferentes al consumo.
• Percepción de mejor rendimiento muscular.	• Insomnio o pesadillas.	• Mala memoria.
• Pérdida del apetito.	• Temblores y movimientos musculares involuntarios.	• Impotencia sexual.
• Locuacidad.	• Ideas erráticas.	• Microembolias cerebrales.
• Sexualidad manifiesta.	• Delirio de grandeza.	• Trastornos del corazón.
• Sensación de poderío.		• Cambios repentinos de humor.
• Ira, enojo fácil, conducta provocadora.		• Adicción.
• Dilatación pupilar.		
• Aumento de la presión arterial y de la frecuencia cardiaca.		

Cuando en 1903 un tal Pemberton diseñó la fórmula "secreta" de una bebida a base de nuez de cola —excitante por mérito propio— y de cocaína, la soda resultante (CocaCola) contenía cocaína de a de veras. Actualmente ya no es así, pero el mercado está tomado y adicto al refresco en tal medida que ni Fidel Castro y su Revolución Cubana pudieron acabar con el vicio derivado del consumo de "las aguas negras del imperialismo yanqui".

Anfetaminas

Las anfetaminas se sintetizaron hacia fines del siglo XIX, que fue un tiempo dorado en lo que respecta al descubrimiento de principios activos farmacológicos, y cuando la industria médica farmacéutica se hallaba en busca de compuestos que ayudaran a la coagulación sanguínea, para las víctimas de la guerra, pasatiempo humano por excelencia.

Se trata de sustancias que estimulan el sistema nervioso central, hacen que el resto de la economía corporal se acelere y quitan el hambre. Esta última propiedad hizo que se popularizaran en tratamientos para bajar de peso, que es un uso que hasta la fecha se les da. Como también quitan el sueño, son las compañeras de viaje favoritas entre las personas que trabajan el turno nocturno.

A pesar de prohibiciones y reglamentos más estrictos, la facilidad para producir derivados caseros de la feniletilamina, junto con la exigencia de productividad, velocidad y "chispa" de la vida posmoderna, a partir de la década de 1990 el consumo de anfetamina ha vuelto a crecer y alcanza niveles alarmantes en algunas partes del mundo, como la frontera entre México y Estados Unidos.

El estado psicológico agudo provocado por cualquiera de los estimulantes, sin importar el laboratorio del cual proceden, industria, campo o "minivan", es maniático por excelencia. Se exacerban la verbosidad, los movimientos erráticos, estereotipados y repetitivos y también la intencionalidad sexual y los afanes seductores, pero no así el rendimiento en la cama ni la sensibilidad erótica.

Cuadro 4
Efectos de las anfetaminas

INMEDIATOS	DOSIS ALTA	A LARGO PLAZO
• Excitación.	• Confusión y agresividad.	• Daño a vasos sanguíneos.
• Mayor estado de alerta.	• Palpitaciones.	• Lesión hepática.
• Hiperactividad.	• Sudoración con escalofríos.	• Pérdida de peso.
• Sensación de ser indestructible.	• Náuseas y vómito.	• Debilidad muscular.
• Delirio de persecución.	• Arritmia cardiaca.	• Depresión y cambios constantes de humor.
• Conducta estereotipada.	• Reacciones psicóticas.	• Ideas suicidas.
• Pérdida del sueño.		

Durante la Segunda Guerra Mundial las anfetaminas estuvieron al tope de la moda, pues mantuvieron despiertas y en actitud agresiva a la tropa y a la planta productiva de ambos bandos durante años. En aquellos entonces y ante las circunstancias se les consideró inofensivas y buena onda. La metanfetamina fue etiqueta de los ganadores. Al término de la guerra, su uso continuó sobre todo entre la población civil de los perdedores y neutrales, como Japón y Suiza. La elevada demanda determinó que en estos países se reglamentara su comercio, con lo que ciertamente decayó su consumo por varias décadas, hasta que en los años sesenta se instalaron nuevamente en la moda, aunque los controles sanitarios se hicieron tam- bién más estrictos en el mundo ante el avance de las *dexes* (dexedrina), *bennies* (benzedrina) y otras píldoras que muchos estudiantes acostumbraban para estudiar toda la noche, o bien, para rolar incansablemente en sus autos por los bulevares urbanos.

Cuadro 5

Diferencias entre la cocaína y la metanfetamina

Fuente: NIDA, 1998

COCAÍNA

- Derivada de una planta.
- Al fumarla se produce una euforia de 20 a 30 minutos de duración.
- Se elimina del cuerpo en 1 hora.
- Tiene usos médicos: como anestésico local en procedimientos quirúrgicos.

METANFETAMINA

- Manufacturada en laboratorio.
- Al fumarla, la euforia persiste de 8 hasta 24 horas.
- Se elimina en 12 horas.
- Usos médicos muy limitados.

A dosis elevadas, el juicio se esfuma, aparecen las indiscreciones, el comportamiento bizarro, la impertinencia y los mayores peligros sociales asociados al consumo de estimulantes (y de las drogas en general), incluyendo trastornos físicos mínimos a graves y la posible comisión de actos delictivos o agresiones, o la participación en actos sexuales no deseados.

Con el tiempo, hasta la fruta más rica se pudre, la euforia de las primeras épocas se transforma en ansiedad y depresión, la sexualidad desbordada del principio se vuelve impotencia, frigidez o eyaculaciones precoces y las risas simpáticas son carcajadas escalofriantes. Quienes consumen estimulantes para enflaquecer o mantener la figura esbelta terminan pareciendo ciruelas pasa en lugar de uvitas vigorosas que se le antojen al sexo opuesto. Y es común que al dejar las píldoras para adelgazar venga un "rebote" y se recupere todo el tonelaje perdido y hasta unos dos o tres kilos de más.

El uso de los estimulantes como promotores de la eficiencia física y del rendimiento intelectual tiene raíces milenarias. Un ejemplo es el mascado de las hojas de coca que, desde tiempos de los incas, se acostumbra para enfrentar el "mal de montaña" entre las personas que habitan a grandes altitudes en los Andes y nada tiene que ver con la inhalación (*esnifar* o darse un *pericazo*) del clorhidrato de cocaína (*nieve, Doña Blanca, perico*) o fumar *piedra*, prácticas propias de bares, fiestas o callejones, más actuales y urbanos que propios de escenarios campiranos.

Café y té

Ya se dijo que al equipo de los estimulantes pertenecen sustancias de uso cotidiano como el café y el té, con las que jamás se llega a tales extremos, pero no podemos dejar de mencionarlas, justamente porque una de las motivaciones para su consumo es mejorar el estado de alerta y el rendimiento físico y mental, lo cual no tiene nada de malo ni es pecado. Juan Sebastián Bach, músico entre los músicos, ante la necesidad de mantener al titipuchal de hijos que concibió, enfrentó su compromiso de escribir una misa para cada domingo consumiendo —se dice— litros de café por semana. De hecho, hasta escribió una *Oda al café*, muy estimulante, por cierto. También el novelista francés Honorato de Balzac se bebía decenas de tazas de café diarias para cumplir con sus encargos literarios. Escribió *La Comedia Humana* en tiempo récord, pero murió, según algunos autores, por los daños al estómago que le procuró el exceso del *espresso*.

Entre los pueblos originarios y en los descendientes de huicholes, mayas, incas, mexicas, reside la lección básica para establecer relaciones adecuadas con las sustancias poderosas, con las que se han llamado "plantas de los dioses": respeto, moderación y cautela.

Metilfenidato (Ritalin, Concerta, Estratera)

Viene en forma de pastilla y se utiliza como medicamento en el Trastorno por Déficit de Atención (TDA) que aqueja a un número creciente de las niñas y los niños que crecen en esta sociedad hipertecnológica y sobreestimulada.

Para sorpresa de incaut@s, el metilfenidato es un primo hermano de las anfetaminas. Algunos lectores se preguntarán en este momento: ¿el doctor le recetó anfetamina a mi hijita? ¿Qué tiene que hacer un estimulante en el tratamiento de la hiperactividad? Pues bien, el secreto es que estimula fibras inhibitorias y permite a la niña o al niño concentrarse y hacerse más capaz de seguir instrucciones mientras maduran ciertas zonas de su cerebro.

Aunque este compuesto anfetamínico se absorbe adecuadamente por vía oral, hay quien pulveriza las tabletas y *esnifa*, o decide inyectarse los polvos resultantes, lo cual es muy peligroso y desaconsejable, pues cada sustancia ha sido formulada para ingresar al cuerpo por la vía más idónea.

Que no cunda el pánico entre las madres y padres de familia. El metilfenidato bajo control médico —igual que cualquier sustancia psicoactiva bien controlada y dosificada por facultativos y/o usuarias—, es una medicina segura y culmina con la graduación en la universidad de niñas y niños con Trastorno por Déficit de Atención. Cuando llegan a la edad adulta, estas personitas ya maduraron o pasan inadvertidas en el veloz mundo de hoy.

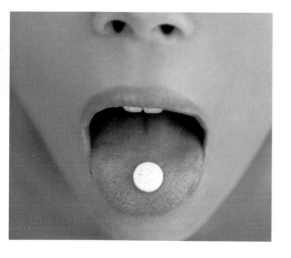

Consecuencias y conclusiones del uso y abuso de estimulantes

Los consumidores problemáticos de estimulantes, tristemente van perdiendo lo que pudieron haber hallado al abrir por primera vez este almacén de pesadillas. El cuerpo se hace tolerante al *rush* o euforia que caracterizara los consumos iniciales, pero permanecen los efectos más físicos y desagradables, como las palpitaciones, la inquietud, la irritabilidad y el insomnio, que ya no generan mayor rendimiento ni productividad.

Las personas pueden pasar muchas horas sin dormir, aparentemente hasta arriba —el *high*—, pero en realidad angustiadas, para finalmente sucumbir al *crash* o desplome que sobreviene cuando el cuerpo no puede más y se sumerge en una inconsciencia, mezcla de sopor y sueño que llega a durar 24 horas o más. Son comunes las pesadillas. Al despertar, se repite el círculo vicioso: malestar–droga–alivio temporal–malestar. Huelga decir que al alcanzar esta etapa, las personas que consumen están siempre de malas, agresivas, ansiosas, tristes y enfermizas.

Al exagerar el consumo problemático hay destrucción orgánica y psicológica extensa, a veces irreversible. La fanaticada de la cocaína termina con el tabique nasal destruido —"se brinca la banqueta", como dicen algunos—. Los usuarios de metanfetamina fumada se quedan sin dientes y sin encías, arrugados y trastornados, tocados por ideas esquizoides; los que se inyectan estimulantes como el *cristal* destrozan su piel, vasos sanguíneos y hasta sus músculos, incluyendo el corazón. A nivel mental son comunes los desatinos, la depresión ansiosa, los delirios de persecución y los ataques de pánico que pueden conducir incluso al suicidio.

Aun después de cesar el uso problemático de estimulantes y someterse a tratamiento, no hay garantía de que se recuperen los tejidos dañados, que abarcan desde el cerebro hasta las uñas. La psicosis tóxica puede aparecer incluso meses después de haber cesado el consumo.

Invertir tiempo y dinero consumiendo estimulantes es mal negocio y, por paradójico que parezca, no es tan "prendido" como su nombre promete, más bien se le pueden fundir a uno varios fusibles para los cuales no existe refacción en el mercado.

KHAT

En África existe la costumbre de mascar los retoños de este pequeño árbol en sesiones sociales que duran horas, ponen a la gente de buenas y le quitan el sueño. Sus compuestos activos, relacionados todos ellos con las anfetaminas son: *catinona, pseudoefedrina* y *catina*. "La persona que come khat gusta de escuchar la conversación a su alrededor y trata de contribuir al entretenimiento", dijo Louis Lewin, farmacólogo alemán.

Capítulo 5

Depresores

Depresores

Representantes principales:
alcohol, benzodiacepinas, barbitúricos, opiáceos, anestésicos, inhalables.

Al presentar esta parte del texto, se compara a los depresores con *la relajación*, lo cual hay que explicar más a fondo para evitar confusiones y malentendidos. Una cosa es que se le baje de volumen al cerebro y que se afloje el cuerpo hasta ponerlo a dormir y otra muy distinta es que se le tenga buena voluntad al mundo y al prójimo en el curso de la embriaguez con *tranquilizantes*. Muchas veces lo que se relaja son los límites de la cortesía, la prudencia y el recato.

Para muestra basta el alcohol, que es la sustancia prototípica entre los depresores del sistema nervioso central y que es cómplice en cantidad de muertes accidentales, daño en propiedad ajena, violencia de toda índole, agresiones, asesinatos y demás delitos.

¿Relajante? Más bien: ¡puro relajo!, pues el chupe desata a los animales más peligrosos que pueblan la mente humana. Se ha dicho justamente: "la moral es soluble en alcohol", con todas las posibles implicaciones que se desprenden de dicha idea.

Los sustancias depresoras, cada una en el nicho de mercado que le corresponde, llámese bar, cantina o farmacia, son muy socorridas en esta era de la ansiedad, y varias presumen de registro legal, unos con receta médica y otros con pedirlos en el mostrador, a excepción de ciertas opiáceas, como la heroína, que purga cadena perpetua en la Categoría 1 de la clasificación de la DEA (ver anexo 1, pp. 77).

Efectos generales notables

Si los estimulantes aceleran, por lógica las depresoras hacen lo opuesto: frenan, aplacan dolores, contienen las ideas delirantes y desenchufan poco a poco los *switches* que controlan la actividad nerviosa desde la médula hasta el *neocórtex*. Al aumentar las dosis consumidas de tranquilizantes se entorpecen los movimientos, se nublan los sentidos y en casi todos los casos, las ideas también. **Este sumergirse en las profundidades de la neblina puede ir demasiado lejos,** hasta el estado de coma, e incluso desconectar al centro respiratorio, parar el corazón y llevar a las y los consumidores al encuentro con Marylin Monroe, Jim Morrison y otros personajes de ultratumba que murieron por fallas de cálculo, en accidentes de farmacia o por sobredosis de sus *amansalocos químicos* preferidos.

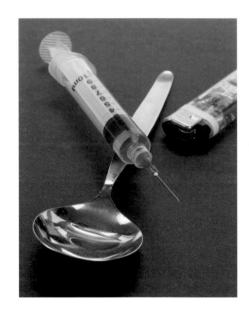

Consecuencias

El enganche físico con depresores del sistema nervioso central es de lo más apretado y cruel, pues la abstinencia provoca malestares intensos, incluyendo espasmos musculares, sudoración, escalofríos temblores, convulsiones, diarrea, insomnio; en fin, un descontrol fisiológico generalizado que puede requerir hospitalización de urgencia por un corto circuito, aderezado en el ámbito mental por posibles episodios de psicosis o depresión severa que ha llevado a las sujetas y sujetos incluso al suicidio, como se dijo en párrafo anterior.

Riesgos y peligros reales

Los depresores del sistema nervioso central recorren las mismas carreteras que los estimulantes, esto es, mal manejadas llegan a Villa Desastre y mal utilizados pueden enloquecer, esclavizar y matar a sus esclav@s, llevándose de paso entre las patas al corazón, el hígado, los riñones y el cerebro, por mencionar los órganos selectos. Se repite la historia: **no hay drogas buenas o malas, sino uso bueno o malo de las sustancias.** Todo dependerá de cada usuari@. La diferencia entre medicina y veneno es la *dosis*.

Hay que recordar que prácticamente todas las sustancias psicoactivas son parecidas a compuestos que el propio cuerpo produce. Los depresores no son la excepción, y encuentran receptores orgánicos que los reciben con *los brazos abiertos,* valga le comparación. Por eso cuando la persona deja de recibirlas de fuera, las extraña más que a una nana que deja una familia después de treinta años de servicio. Las molestias por supresión y la abstinencia a depresores en general, son intensas y en ocasiones graves de muerte.

Alcohol

"Cualquier habitante del mundo, niño o adulto, reconoce a un borrach@ o se ha pasado de copas alguna vez en su vida", dijera, palabras más, palabras menos, Louis Lewin, quien fuera uno de los expertos pioneros estudiosos de las drogas.

El alcohol a dosis moderadas —un trago por hora es lo que el cuerpo puede metabolizar sin problema— hace que las personas se suelten el chongo y la lengua, y estén contentas.

Lo primero que hace este depresor es paradójicamente *inhibir o deprimir las inhibiciones psicológicas*, y alegra, desacompleja y envalentona, **borra los límites,** pero a dosis más altas se deprimen centros nerviosos vitales que controlan la presión arterial, la frecuencia respiratoria y la cardiaca, entre otras funciones.

En el terreno anímico, aparecen cambios repentinos e injustificados de humor, de la risa al enojo, de lo sublime a lo ridículo y en un descuido el festín alcohólico termina en Noche de Brujas, delegación de policía o velorio, pues la coordinación muscular y los reflejos neurológicos se vuelven torpes y erráticos, igual que la conducta y el juicio.

Los bebedores crónicos sufren daños por todas partes del organismo, pues el alcohol se cuela a todos los rincones (ver el Cuadro 6).

Muchas culturas antiguas locales y foráneas pusieron trabas sociales e incluso legales al consumo del alcohol antes de la mayoría de edad. Los castigos para infractores llegaron hasta la pena de muerte entre los mexicas.

Cuadro **6**
Posibles consecuencias a largo plazo por beber demasiado

NEUROLÓGICAS

- Sindrome de Wernicke-Korsakoff: confusión, marcha inestable, descontrol de los movimientos oculares; más adelante, neuropatías, confusión y pérdida de la memoria a corto plazo. Se atribuye la aparición de este síndrome a carencia crónica de tiamina (vitamina B1).*
- Pérdida de visión periférica y nocturna.

* La encefalopatía se puede revertir al administrar tiamina; la psicosis, no y las neuropatías, a medias.

GASTROINTESTINALES

- Inflamación y posible sangrado de tubo digestivo.
- Várices (venas saltadas) en el esófago.
- Daño hepático (hepatitis, cirrosis).
- Pancreatitis.

CORAZÓN Y VASOS SANGUÍNEOS

- Falla cardiaca de ritmo y fuerza.
- Ruptura de vasitos sanguíneos, aparecen "arañas vasculares" en la cara.

GINECOLÓGICAS Y REPRODUCTIVAS

- Impotencia o frigidez.
- Escasez de espermatozoides.
- Menstruación trastornada.
- Deseo sexual ausente.
- Síndrome alcohólico fetal.**

** Los hijos de madre alcohólica afectados por este síndrome presentan rasgos especiales, tales como:
- Cráneo pequeño.
- Aperturas oculares pequeñas.
- Pliegues de las orejas planos y paralelos.
- Tabique nasal aplastado.
- Nariz ancha y chica.
- Ausencia de filtrum (hendidura a la mitad de labio superior).
- Labio superior delgado .

El alcohol y las mujeres

En cuestión de género y sustancias psicoactivas en general, por definición, hay mucha tela de donde cortar. Aquí se mencionan sólo algunas particularidades de la relación metabólica especial que se establece entre el organismo femenino y el alcohol, pero no podía pasarse el tema por alto, toda vez que las damas cada vez le entran más parejo con su pareja a la tomadera:

- El cuerpo de la mujer contiene un mayor porcentaje de tejido graso que el del varón y menos enzimas para degradar alcohol en el estómago, por lo que una chava alcanza concentraciones etílicas más altas en sangre consumiendo la misma cantidad de copas que un hombre.
- La mujer que usa anticonceptivos u hormonas en general por cualquier causa, tarda más en metabolizar el alcohol, pues este trastorna los ciclos metabólicos hormonales, en muchos de los cuales interviene el hígado, blanco principal del *trago*, además de que los efectos de las hormonas femeninas son tan desconcertantes para la conducta y el cuerpo como los del alcohol mismo.
- Hay alteraciones más o menos importantes del ciclo menstrual: desde cólicos intensos hasta ausencia de sangrado (*amenorrea*) por meses.

- Se ha observado que las mujeres son más propensas al daño hepático y pancreático con el uso continuo.
- Hay una tendencia más alta en la mujer que en el hombre para que se dispare la presión y aparezca hipertensión arterial.
- Mayor riesgo de cáncer de mama en las tomadoras que en las mujeres sobrias.
- Mayor posibilidad de tener relaciones sexuales y embarazos no deseados, o de sufrir abusos físicos que las chicas que miden sus copas.
- Estigma social para tomadoras mucho más severo y descalificador que para los varones.
- Riesgo de tener hijos con el Síndrome de Feto Alcohólico (vuelve a ver el cuadro 6).

P ara hablar de los efectos del alcohol sin abusar de lenguaje técnico, se parafrasea el comentario insuperable aun a quinientos años de distancia, del gran investigador de las costumbres aztecas, Fray Bernardino de Sahagún en su *Historia de las Cosas de la Nueva España*: *"Para algunos borrachos… el vino no les es perjudicial o contrario: en emborra-* chándose, *luego cáyense dormidos o pónense cabizbajos, asentados y recogidos… Y otros borrachos comienzan a llorar tristemente y córrenles las lágrimas por los ojos como arroyos de agua. Y otros borrachos luego comienzan a cantar… Y otros…a parlar y hablar consigo mismos, o a infamar a otros y decir algunas desvergüenzas contra*

otros… Y otros borrachos… Hácense sospechosos y mal acondicionados y entienden las cosas al revés y levantan falsos testimonios a sus mujeres… Y si es mujer la que se emborracha, luego se cae asentada en el suelo, encogidas las piernas… Si está muy borracha desgréñase los cabellos… Y porque el vino es de diversas maneras y hace borrachos de diversas maneras, llamaban centzontotochti que son *"cuatrocientos conejos", como si dijesen que hacen infinitas maneras de borrachos."*

Todos estos desatinos valen para las borracheras agudas, tanto de los indios o *naturales*, como les llamaban los misioneros franciscanos, como para los españoles o para cualquier nacionalidad, cosa que omite comentar Fray Bernardino.

Conclusiones

Información y consejos útiles para novatas y novatos desorientad@s en la cantina, el antro o el bar familiar:

- Hay dos tipos de bebidas: *fermentadas* (como la cerveza, el vino, la sidra, el pulque) y *destiladas* (whisky, vodka, ron, tequila). Se beben en vasos de distintos tamaños, pero cada uno de ellos, del *caballito* tequilero hasta el tarro de cerveza aportan la misma cantidad de alcohol. O sea, como en la perinola: todos "ponen" y el tamaño sí importa.

- Las bebidas alcohólicas no son refrescos y deben consumirse trago a trago, no de un jalón. Como dicen: poco a poco y nos amanecemos.

- Los efectos del alcohol no siempre son los mismos, pero el exceso siempre termina en descontrol. Al trago siempre se le respeta y se le vigila, porque si no, se pasa.

- Es conveniente en los eventos sociales comer y beber, o bien ir a la taquería antes de llegar al antro, o ya ahí, entrarle a los cacahuates aunque estén manoseados, porque comer retrasa la absorción.

- El alcoholímetro da positivo con el equivalente a dos copas. Para evitar pasar el fin de semana en la delegación o tener que tramitar un amparo con los coyotes; hay que hacerle caso al punto anterior y también "campechanear" bebidas sin alcohol con las copas con piquete.

- Jamás hay que subirse a un auto conducido por alguien que ha tomado demasiado, aunque se trate del padre, madre, esposo, esposa, hijo, hija, hermano o prima de uno. Aquello del conductor designado es una gran idea y reducción de daño en acción. La seguridad otra vez en su papel protagónico.

El cuerpo puede metabolizar un trago por hora, ésa es la medida.

- Ir siempre en grupo a los bares y antros y pedir por botella cuando sea posible. Si vas en pareja, que sea de tu absoluta confianza. Nunca descuidar el trago para evitar que alguien malintencionado le añada una droga de antro a tu vodka tonic y te haga pasar un mal rato: cuidado con lo que chupas, con quien lo chupas y cómo lo chupas, no vaya a ser que a ti te chupe la bruja.

**Hay que curarse en salud,
no en: ¡Salud!**

¿Cómo saber si uno es propens@ al alcoholismo? Para ello se han diseñado distintos cuestionarios de evaluación, como el clásico CAGE:
- ¿Ha tenido usted alguna vez la impresión de que debería beber menos?
- ¿Le molesta que la gente critique su forma de beber?
- ¿Se ha sentido culpable por su manera de beber?
- ¿Algunas veces beber es lo primero que hace por la mañana?

Las consecuencias de una mala noche pueden ser muy graves, pero el alcoholismo declarado es un padecimiento para todas las noches, para toda la vida.

Anestésicos

La medicina no sería lo que es sin los anestésicos. Es obvio y parece una bobada mencionarlo. Lo que poca gente sabe es que varias de estas sustancias se han utilizado en el pasado y aun en nuestro tiempo con fines recreativos y de abuso.

El óxido nitroso o *gas de la risa,* que se emplea en consultorios dentales selectos actuales, se usó en espectáculos y ferias desde fines del siglo XVIII por su capacidad para provocar estados de hilaridad entre el público sin necesidad de contarle chistes; durante varias décadas del siglo XIX se estilaban las fiestas de éter, en las que se reunía el personal a "ponerle con todo" a dicha sustancia, que *deprime las inhibiciones,* como se dijo antes del alcohol. Y si se combinan ambas —alcohol y éter— se suman sus efectos depresores, valga decir *inhibidores desinhibidores* siempre que la dosis sea baja. Aun en nuestros días, una leyenda urbana es que: fulanita y fulanito se pusieron muy mal porque "les echaron éter en los hielos". Puede suceder.

Que siga la fiesta, pues entre las llamadas *drogas de antro* o *drogas de club,* un papel importante lo llevan un par de anestésicos usados en consultorios veterinarios, que por sus propiedades *disociativas,* que separan a la conciencia del cuerpo, se utilizan en los antros, agregados a la bebida, para que la pareja

"afloje" aunque no tenga ganas. Su presentación en forma de líquido transparente y **la ausencia de un sabor fácil de distinguir (cierta amargura, cierto gusto saladito) hacen que estas sustancias sean prácticamente indetectables y se les reconozca por sus efectos.**

A dosis menores que las anestésicas provocan pérdida de control muscular, sopor y amnesia cuando se despejan sus efectos, por lo que en inglés se les llama *rape date drugs,* que puede traducirse como: *drogas de violación durante la cita.* Estas drogas son el *GHB* o *Éxtasis líquido* y la *Ketamina* o *Vitamina K.*

Si al momento de tomarse la primera chela, uno siente que era caguama o whisky triple, que busque ayuda. Las drogas de club y su uso malintencionado son otra magnífica razón para ir en "bola" a los antros.

Y ya que se mencionan los antros, conviene insistir un poco en el tema, pues es variada la oferta de sustancias que prometen fiesta y a veces convierten el "reventón" en orgía que no tod@s disfrutan. En la lista de invitadas e invitados "gruesos" a centros nocturnos no sólo hay depresores. Entre otras sustancias y personajes están, los anestésicos ya mencionados; más adelante se dedican unas líneas especiales al GHB o *éxtasis líquido,* al *PCP (fenciclidina o polvo de ángel),* y a la ketamina o *Vitamina K.*

En los antros y en la calle también circula profusamente el *flunitrazepam* —nombre comercial, Rohypnol—, tranquilizante e inductor del sueño de la familia de las benzodiacepinas, las famosas *reinas o rufis,* que entre otros efectos curiosos provocan pérdida de la memoria de lo que hizo uno durante la intoxicación con ellas. La razón de que *los roinoles* se hayan vuelto tan populares es que, a dosis mayores que las usadas en medicina, provocan euforia paradójica, estados delirantes de hiperexcitabilidad, durante los cuales las personas pueden hacer barbaridad y media que olvidan para siempre después de unas horas de sueño.

Entre las sustancias psicoactivas de otros grupos farmacológicos que frecuentan los bares y *raves* o fiestas masivas, destaca la célebre *tacha de tachas,* el *Éxtasis,* pariente cercano de las anfetaminas por su poder estimulante y desde su nombre —la metilen-dioxi-metanfetamina— es un caso especial, pues aun siendo anfetamina de apellido, se le busca por su capacidad para generar alucinaciones afectivas y se dice que es *entactógeno,* o sea, que permite que uno se "toque el interior". En el capítulo dedicado a los alucinógenos, se le describe con más detalle.

GHB o *Éxtasis líquido*

El 30 de septiembre de 1996 apareció en la revista *Time* un reportaje sobre la muerte de una chica texana de 19 años, gran atleta, guapa y excelente estudiante, que fue a divertirse a un antro, se tomó un par de copas, se retiró del lugar con dolores de cabeza y náusea; 24 horas más tarde, había muerto por sobredosis de GHB. Por los antecedentes de la chica, se especuló en aquellos entonces que alguien vertió GHB en sus *drinks* con malas intenciones o vaya usted a saber. A partir de entonces, el GHB se ha convertido en una droga de abuso bastante frecuente, involuntaria, pero también voluntariamente. El uso continuo se convierte en problemático, pues no tardan en aparecer *tolerancia* y *abstinencia,* dos peldaños en la escalera hacia la esclavitud.

La presentación comercial más habitual de esta sustancia es como líquido incoloro e inodoro, con un discreto sabor salado. En principio se pensó que sus efectos se deben al trastorno del metabolismo del neurotransmisor inhibidor por excelencia o *GABA,* pero a últimas fechas se ha llegado a pensar que el GHB o gama-hidroxi-butirato es un neurotransmisor en sí por su estructura y funciones.

Sus efectos son los de un típico depresor, bastante potente, por cierto, del sistema nervioso. Es, ya se dijo, un anestésico disociativo, y al provocar descontrol motor y aturdimiento severo, entre los riesgos del uso imprudente de GHB está la "cama indeseada". El margen de seguridad, entre sentirse "sedita" y permitir que le bajen a uno los chones es bastante reducido. El peligro no se limita a los acostones con cualquiera, la sobredosis puede llegar a la tragedia, como en el caso relatado de la atleta texana. **En todo momento y en cualquier antro, aguas con tu trago.**

PCP y Ketamina

El PCP o *polvo de ángel* es otro anestésico disociativo. Se dejó de usar en la terapéutica desde
los años sesenta, pues al despertar de la aneste-
sia los pacientes volvían desorientados, dicien-
do barbaridades y a veces desesperados porque
veían partes de su cuerpo y no las reconocían
como propias. Estos efectos angustiantes y el
paso a la ilegalidad del *PCP,* lo llevaron rápidamente al mercado negro y al menú de los aficionados a los depresores nerviosos. A fines de los
años sesenta se le bautizó como *polvo de ángel*
o *polvo cósmico* y se usa casi siempre espolvo-
reado sobre cigarrillos de tabaco o de mariguа-
na para conseguir un efecto combinado con
estas drogas. No siempre te llevan al cielo, pero
sí a la estratósfera. Se trata del polvo de un
ángel caprichoso y poco confiable, te puede
dejar caer desde la nube hasta la tumba. Evítalo.

La Ketamina, o vitamina K, se sintetizó
en busca de un anestésico más seguro que
el PCP, pero… ¡oh sorpresa!, si bien es menos
tóxica, con un margen de seguridad más
amplio, además de provocar la disociación
cuerpo-mente, que no a todo el mundo le
parece una sensación placentera, a dosis
altas ciertas personas que la consumen
se vuelven apáticas, hostiles y agresivas.

Y tanto el polvo de ángel como la vitamina
K, son del equipo de las "drogas de violación
durante la cita". Hay que cuidarse de ellas
en los antros y si tiene uno cuates o cuatas
libidinos@s. Si a pesar de los peligros
expuestos uno decide consumirlas, hay que
extremar precauciones. **Velar por la propia seguridad y la de l@s compa-
ñer@s de farra garantiza el final
feliz de cualquier aventura.**
Chupe claro, amistad larga.

Benzodiacepinas

El volumen de venta diario de uno solo de estos ansiolíticos (de *lisis-destrucción*, o sea que destruyen la *ansiedad*) sostiene corporativos farmacéuticos multimillonarios. También se les conoce como tranquilizantes "menores", pero de menores no tienen nada, pues son más que adultas entre las sustancias favoritas que se utilizan para provocarse o simular un suicidio, si bien para ello funcionan mucho mejor los *barbitúricos* que se describen más adelante y que se llevaron entre las "pastas" a la diva Marylin Monroe.

No son perfectas porque además de quitar la ansiedad también alteran la coordinación física y generan somnolencia. No es conveniente manejar maquinaria o vehículos bajo sus efectos, mucho menos si, como mucha gente hace, se las resbala por el gañote con una *cuba*. Tampoco son buena compañía para los estudiantes, pues aplican capas de *teflón* a la memoria, en detrimento del aprendizaje.

El ejemplo extremo de ello lo encontramos en el flunitracepam o *Rohypnol*, que comentamos antes. Por cierto, ahí donde la fórmula termina en la sílaba *pam*, es donde está la benzodiacepina: *diacepam (o Valium), alprazolam (Tafil, Xanax),* y otras píldoras o *chochos* de buró casero están en este linaje. ¡Ah!, y son adictivas en 10 a 15% de sus usuari@s habituales, sobre todo algunos miembros del grupo como el *loracepam (Ativan).* A pesar de que el síndrome de abstinencia a los tranquilizantes menores es bien engorroso, se emplean mucho para destetar y controlar el pensamiento delirante de los alcohólicos en recuperación. Porque el síndrome llamado de "borrachera seca" es durísimo. Otra vez es testimonio de que el alcohol es de lo peorcito.

Barbitúricos

Como casi todos los alteradores de la conciencia industriales, los barbitúricos se sintetizaron para fines médicos y de ahí pasaron al terreno de la "Disneylandia" química.

Los *barbituratos*, como también se les conoce, fueron muy populares a mediados del siglo XX, pero conforme entraron en el cajón del uso problemático se les ha relegado a quirófano, como inductores de sueño para cirugía, pues como tranquilizantes su margen de seguridad es bajo, su potencial adictivo, enorme, su síndrome de abstinencia, intenso y su "cruda", amarga.

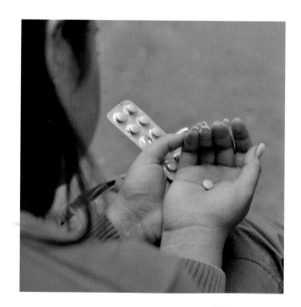

El sabio Antonio Escohotado, quizá máximo conocedor de drogas en el mundo, comenta que a pesar de su efecto inicial euforizante, semejante al del alcohol, por su peligrosidad, la única utilidad de estas sustancias fuera de la sala de operaciones es la de procurar *eutanasia*. Se pasa este drástico comentario autorizado al costo. Los barbitúricos son aquellas sustancias que en el nombre terminan con la sílaba *al: fenobarbital, secobarbital, pentobarbital*. En un descuido, su compañía resulta letal.

Mientras no se mezclen con alcohol, las benzodiacepinas recetadas por una buena mano, son sustancias bastante seguras y cumplen su cometido terapéutico con eficacia.

Opiáceos

Los opiáceos se extraen de los bulbos de la amapola, llamada por tradición *adormidera,* pues en medicina tradicional se aprovecha su poder para inducir el sueño desde hace siglos.

El primer producto que se extrae mediante rajaduras que se infligen al bulbo es un líquido gomoso, la *goma de opio,* que se procesa para obtener *morfina,* cuyo nombre deriva del dios griego del sueño Morfeo y que es la mamá de todos los analgésicos, el medicamento de medicamentos y una bendición para la humanidad cuando se utiliza como paliativo del dolor, según varias eminencias de la medicina del pasado y pacientes que se han beneficiado con prescripciones adecuadas.

Hay receptores a opiáceos desde la médula espinal hasta la corteza cerebral (aquí se prefiere reservar el término "opioides" a las sustancias que produce el propio cuerpo, a fin de diferenciarlas de los "opiáceos", que provienen del exterior, si bien en la mayor parte de los textos el uso de una palabra o de la otra es indistinta. Allá ellos). La existencia de tantos receptores sólo puede indicar una cosa: el cuerpo produce su propia morfina.

Se trata de las *endorfinas,* las *morfinas internas,* descubiertas en la década de 1970 y que el cuerpo libera en situaciones especiales: durante el ejercicio intenso; en la práctica erótica y sexual; ante dolores y heridas repentinas. Es clásico lastimarse y no sentir nada hasta que se "enfría" la lesión. Esto es un ejemplo del trabajo de las *endorfinas,* nuestras mejores amigas químicas.

Vuelve la burra al trigo. Si los opiáceos son tan efectivos para combatir los dolores en el cuerpo y hasta en la memoria y el espíritu, es porque se trata de réplicas exactas de compuestos internos, capaces de ocupar los mismos receptores. Se les cuenta entre las sustancias *enteógenas,* esto es, las que al ser ingeridas le dan "sentido" a la propia vida. En efecto, algunas drogas, como opiáceos y alucinógenos pueden catalogarse como místicas y quitan "hasta los dolores que tuvo uno de chiquito".

La morfina es, además de la mamá de los analgésicos, la madrina de las muy nombradas *drogas de diseño,* que son sustancias sintéticas o semisintéticas que se formulan para parecerse y producir efectos similares a los de algún otro compuesto, llámese *depresor, estimulante o alucinógeno,* que tenga rutas fisiológicas y efectos sobre la psique bien conocidos por los farmacólogos y/o sus clientes. El farmacólogo toma una molécula, le quita y le pone elementos, la deja corregida y aumentada, a la medida del gusto de cada paladar. Al cliente, lo que pida es la máxima del capitalismo. Las drogas no podían ser la excepción. Están hechas "a la medida".

Ésta es la era de los *sucedáneos.* Las drogas de diseño son nuestro presente y nuestro futuro. Como ejemplos destacan muchos derivados de la feniletilamina (las *tachas* y otros *chochos*) y, para regresar a los opiáceos, basta dirigir los reflectores hacia la semisintética pionera de las sustancias sobre diseño, la gran atrapadora, productora y destructora de sueños, el botín millonario de vividores, pachucos y otros maleantes, responsable de la transmisión de millones de VIHs en el mundo por la vía endovenosa y sexual: la *heroína.*

Dicen que los opiáceos son "tan sabrosos", que cuando los chinos quisieron ponerles un hasta aquí en el siglo XIX, los ingleses, que eran los dueños del mercado, les hicieron una guerra en la que los chinos perdieron el control de Hong Kong durante más de cien años. El opio, bien gracias, se mantuvo igual.

Goma del opio

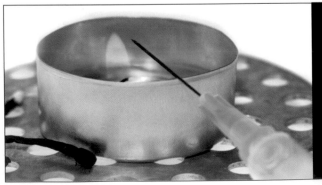

Heroína

La heroína es el ejemplo clásico de una *droga de diseño*: se tomó la molécula de morfina, se le añadieron dos grupos acetil y se obtuvo un compuesto nuevo, la *diacetilmorfina,* semisintética con potencia analgésica superior, pero menos soporífera.

Sin embargo, el alto potencial de uso problemático de la heroína, aunado a un síndrome de abstinencia que impulsa a sus clientes al asesinato de quien sea, de la propia abuela si es preciso para procurarse la droga, la colocan en la lista de enemigos jurados de la galaxia por la DEA. Es una heroína traicionera.

A la heroína también se le conoce informalmente como: *chiva, caballo, arpón*. Viene en polvo oscuro *(azúcar morena)* o en una especie de alquitrán (*Mexican tar* o *chapopote*) que debe diluirse para su administración intravenosa. Sus efectos son inmediatos y, a decir de l@s usuari@s, portentosos: *es tan buena, que mejor no la pruebes,* aconseja alguien que perdió la libertad por irle a las *chivas*.

Al llegar al cerebro la molécula hace tañer campanas, para sumir a quien se inyecta en un letargo sabrosón donde la vida cobra otro sentido, sin conflictos ni dolores. El bajón, sin embargo, es vertiginoso hacia la desesperación por la siguiente dosis que, de no lograrse pronto, puede llevar a la comisión de delitos graves. Hay que hacerle caso a otra frase de la experiencia: mejor no la pruebes, ¿qué tal si te gusta?

La heroína en sí misma no provoca grandes daños al cuerpo, incluso después de su uso crónico. Pero hay riesgos en el *arpón* que van mucho más allá de sus efectos singulares. William Burroughs, escritor norteamericano se mantuvo lúcido y sin mayor lesión orgánica hasta su muerte, por causas naturales a la edad de 83 años, después de "picarse" durante más de cincuenta años.

Mi abuela fue morfina
Mi madre es heroína,
Mi padre murió de un pasón
Y el vato que es tecato
Pasa el rato
En la conexión
(Anónimo de la frontera)

Se le bautizó *heroína* pues se pensó que era la sustancia idónea para combatir la adicción a la morfina, haga usted favor, pero además porque suprime la tos de inmediato y porque, a raíz de su síntesis y empleo en los campos de batalla, los hospitales de campaña pasaron de ser fábricas de gritos desgarradores a mausoleos en silencio.

El síndrome de supresión a opiáceos es particularmente severo, angustioso y desesperante. La nariz corre con moco infinito, hay fiebre, al cuerpo lo invaden dolores difusos por todas partes, temblores intensos, escalofríos. Además de lo que puede interpretarse como una influenza de las más gachas, hay una comezón que se interpreta como la presencia de insectos bajo la piel y provoca el sangrado de tanto rascarse o hurgarse la epidermis con uña, cuchillo o navaja; a la mente acuden fantasmas amenazadores de todo tipo y una sensación de que la calaca está cerca. Nadie elige ser *yonqui*, ni tampoco sospecha que lo será cuando comienza su carrera con la jeringa.

Esta película de horror en donde la persona es protagonista y esclava ocasiona que los *yonquis* compartan agujas para llegar lo más pronto posible al alivio de su abstinencia; o bien, l@s usuari@s utilizan el cuerpo como moneda para obtener *caballo* y sin condón, aunque estando "hasta el gorro" con heroína, el sexo es de lo que menos les interesa.

La segunda parte de este filme puede llamarse: transmisión de Hepatitis C, o *Cómo adquirir el VIH/SIDA en un descuido*. Éste es otro riesgo mortífero y callado de las drogas inyectables en general.

En la frontera México-EU la heroína se mezcla en la jeringa con estimulantes como la coca (las famosas *speedballs*) o el *cristal*, para potencializar los efectos de ambas sustancias. Estas combinaciones de "grueso calibre" son una calamidad más de importación en nuestro país.

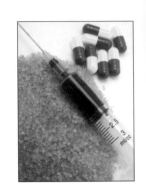

El uso problemático de la heroína ha repuntado casi mil por ciento en dos décadas, comienza a edades desde los nueve años y en varias investigaciones ocupa el primer lugar como droga de inicio en niñas y niños púberes, por igual. ¿Preocupante? ¡Trágico! Por eso varias ONGs que operan en la franja fronteriza aplican desde hace varios años programas de *reducción de daño*, y llevan a cabo intercambio gratuito de jeringas, campañas educativas de salud sexual y reproductiva y otras tareas valiosas.

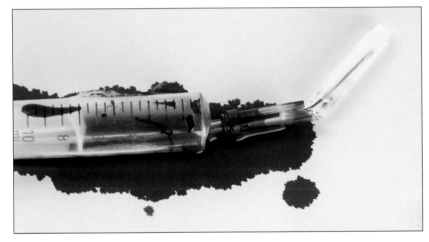

Hay países (Suiza, recientemente Portugal) en los cuales la *reducción del daño* llega al extremo de proporcionar a los usuarios de heroína la droga misma, sujeta a procesos de control de calidad para que no venga mezclada con demasiada porquería, en dosis medidas y ambientes seguros. Esto es prudente y parte de programas no sólo con fines sanitarios, sino de prevención del delito basados en la realidad que se vive también, pues la heroína, por su ilegalidad y mala fama, típicamente se consigue en lugares *non sanctos*, violentos a cual más y su comercio es controlado por vagos y malvivientes, no por los expertos en salud humana.

La calidad del producto, la higiene, la seguridad brillan por su ausencia en tales ambientes. La aplicación del enfoque de *reducción de daño*, al parecer ofrece mucho mejores resultados que el exterminio de *conectes* o el abandono a su suerte de heroinómanos o la fumigación de campos de amapola, típicos del enfoque *Rambo*, promovido por el imperio yanqui que es el máximo consumidor de drogas ilegales en el mundo.

Por ejemplo, se recomienda a usuari@s problemátic@s administrarse la droga mediante la técnica de *perseguir al dragón*, que consiste en prenderle fuego al polvo de heroína y aspirarlo a distancia siguiendo con la nariz la ruta del humo, como quien quiere llevarse al bronquio a esta criatura mítica. Así no hay riesgo de contagio. Muchas mentalidades puritanas critican la *reducción de daño* por considerar que instruir a las personas enganchadas en droga en aspectos técnicos de consumo es como alentar su costumbre y ayudarlos a hundirse en su problemática. En realidad, la intención es otra: proteger a los usuarios de sí mismos.

Más y mejor reducción de riesgo y daño parece ser el mensaje justo para terminar estos párrafos sobre la heroína y pasar al análisis de sus primas que, por su idiosincrasia, se usan en lugar de ella en la llamada *terapia de sustitución*, componente importante de los programas de reducción del daño y de la demanda de heroína en el mundo.

Metadona, Buprenorfina y LAAM (l-alfa-acetilmetadol)

La *metadona o dolofina* (que se llama así en honor a Adolfo Hitler y fue sintetizada en los laboratorios del Tercer Reich), es el baluarte de las *terapias de sustitución*, muy criticadas por las mentes quisquillosas y liberaloides, pues consisten en dar una droga por otra, una "costra por osa", sin trabajar el núcleo adictivo ni la dependencia orgánica de los pacientes. Hay que admitir, sin embargo, que en Europa los programas de sustitución han resultado invaluables en la atención de pacientes heroinómanos que expresan su deseo de dejar la heroína y no encuentran cómo ni dónde. Algunas ventajas del tratamiento *de sustitución* son:

1 Acceso a sustancia garantizada en sitios seguros, bajo supervisión y lejos del circuito criminal.

2 Evitar el brutal síndrome de abstinencia de la heroína. La metadona suprime casi en su totalidad los componentes físicos de la supresión que provocan angustia insoportable.

3 Favorecer el destete y la eventual sobriedad en los casos de uso problemático de la heroína.

4 Su uso durante el embarazo es menos riesgoso que el de la heroína, desde la obtención hasta su administración. La mujer vive tranquila los nueve meses y tal parece que el recién nacido puede ser destetado sin consecuencias de importancia. Literalmente, la criatura tiene toda la vida por delante.

5 La administración de metadona es por vía oral y su actividad metabólica dura 12 horas o más, por lo que se puede administrar una sola vez por día y sin riesgo de contagio de VIH u otras pandemias.

La metadona, efectivamente, abole muchos de los malestares físicos asociados a la abstinencia de la heroína, sin producir gran euforia. Cierto, no está exenta de inconvenientes e incomodidades: paraliza los intestinos y provoca constipación intestinal (la heroína también, pero menos), sequedad de mucosas y pérdida de la libido. Y es difícil quitársela de encima,

pues su síndrome de abstinencia es prolongado y pegajoso, al grado que hay quien llama a la metadona "cárcel química".

Se ha observado que un porcentaje importante de heroinómanos en rehabilitación con metadona extrañan demasiado la euforia y recurren a la cocaína para entrar en esa otra dimensión que les gusta. Hay incluso casos de sobredosis de metadona entre quienes buscan elevarse a toda costa. Aquí es donde pegan las críticas a las terapias que sustituyen una droga por otra sustancia problemática, sin tocar el núcleo adictivo. Los resultados, desde el punto de vista estadístico, se insiste, parecen positivos.

La *buprenorfina*, opiácea de uso más reciente en las terapias sustitutivas, es bastante prometedora, pues resulta igual de eficaz que la metadona en la eliminación de síntomas de abstinencia y ocupa los receptores para heroína incluso de manera más eficiente que la propia metadona. Esto quiere decir que al usar buprenorfina si el paciente se inyecta de manera simultánea *caballo,* no sentirá ninguna emoción, por lo que solito se irá convenciendo de que no es tan chido usar heroína y le bajará al asunto.

La administración de *buprenorfina* es sencilla y segura, al grado que en algunos sitios se ha puesto ya en manos de trabajadoras sociales y otros civiles que trabajan con adictos sin necesidad de que pertenezcan al gremio médico. Es más, el entrenamiento es de unas cuantas horas y se puede hacer por internet. El compuesto que nos falta, el LAAM o L-alfa- acetilmetadol es semejante en sus efectos y potencialidades a la bupre (*Suboxone)*, pero la experiencia es más restringida y no se le dedica más que este breve comentario. Promete.

Hay otros opiáceos que se prestan al abuso, como la *codeína,* presente en jarabes contra la tos, que sólo a grandes dosis genera una euforia leve, que no vale la empalagada, y los analgésicos orales como el *Oxycontin o el Vicodin.* Estos productos en México no tienen tanta presencia en el mercado ni se prescriben "a pasto" como en los Estados Unidos de Norteamérica. De hecho, no hay jarabes con codeína a la venta en México y los analgésicos opiáceos sólo pueden adquirirse en contadas farmacias y con recetario foliado.

Inhalables

Los inhalables se cuentan entre los compuestos más abusados en el mundo, bien por accidente, voluntariamente o por exposición laboral, como entre los carpinteros, gasolineros, talabarteros, pintores de pincel o de brocha gorda, aficionados al modelismo y otras profesiones. Además, por tradición son las sustancias de uso problemático más comunes entre los marginales, las poblaciones miserables, vulnerables y más estigmatizadas del mundo.

Tienen varias desventajas: son legales —aunque las etiquetas advierten del peligro y está prohibida su venta a menores—, sumamente accesibles en el comercio, tanto por precio como por disponibilidad y son altamente venenosos. Pueden provocar la muerte por arritmia cardiaca desde la primera exposición. Se pasan a la leche materna y es muy posible que alteren el código genético, pues atraviesan prácticamente todas las barreras funcionales defensivas del cuerpo.

Cuadro 7
Los Inhalables

Adaptado de: *De la Ficción a la Adicción* (2006)

INHALABLES		SUSTANCIA QUÍMICA
Pegamentos	• Adhesivos. • Pegamentos especiales.	• Tolueno, acetato de etilo, acetona, varias cetonas. • Tricloroetileno, tetracloroetileno.
Aerosoles	• Sprays de pintura. • Sprays para el cabello. • Desodorantes, odorizantes ambientales. • Sprays analgésicos y para el asma. • Sprays para telas. • Aire comprimido para limpieza de equipos de cómputo.	• Butano, propano, fluorocarburos, tolueno, hidrocarburos. • Butano, propano, clorofluorocarburos (CFC). • Butano, propano, CFC. • CFC. • Butano, tricloroetano. • Dimetileter, hidrofluorocarburos.
Anestésicos	• Gases. • Líquidos. • Locales.	• Óxido nitroso. • Halotano, enfluorano. • Cloruro de etilo (se usa para los golpes en los deportistas).
Solventes y gases	• Removedor de barniz de uñas. • Removedor de pintura. • Thinner (tíner). • Líquido corrector. • Gas o líquido para encendedores. • Extinguidores.	• Acetona, acetato de etilo. • Tolueno, cloruro de metileno, acetona, acetato de etilo. • Destilados del petróleo, ésteres, acetona. • Tricloroetileno, tricloroetano. • Butano, isopropano.
Limpiadores	• Desmanchadores. • Lavado en seco. • Desengrasadores.	• Xileno, destilados del petróleo, clorohidrocarburos. • Tetracloroetileno, tricloroetano. • Tetracloroetileno, tricloroetano, tricloroetileno.
Gases refrigerantes	• Aire acondicionado.	• Freón.
Vasodilatadores	• Nitritos	• Nitroglicerina y derivados.

Unos inhalables son más peligrosos que otros, desde luego, y la nitroglicerina y sus derivados son la excepción en este grupo y se cuentan entre las medicinas para tratamientos heroicos, de vida o muerte en enfermos del corazón. Una breve descripción de cada grupo a continuación:

Nitritos

Compuestos amarillos, volátiles, inflamables con olor afrutado, de uso múltiple. Relajan el músculo liso de los vasos sanguíneos, la pupila, el ano, y provocan que se salga pipí de la vejiga. Un ejemplo notable de sus usos médicos es la *nitroglicerina*, que además de ser explosivo conocido, es la píldora de urgencia que se coloca bajo la lengua el actor que está sufriendo un ataque cardiaco para evitar morir a medio film. Los nitritos, como el de amilo, llamados *poppers* tienen efectos similares, pero son de acción ultracorta y más inestables que la nitro, de uso limitado. Los usuarios refieren que los nitritos y nitratos producen desinhibición, sensibilidad cutánea paranormal, y una liberación y aceleración previas al orgasmo. Se acompañan de la aparición de un punto amarillo con radiaciones púrpuras en el campo visual. Aunque provocan baja presión y dolor de cabeza facilitan el sexo anal, lo cual los hace de uso común entre la población *gay* masculina.

Gases anestésicos

Ya se comentaron en el Capítulo 5. Los que no se mencionaron, como el *halotano* son muy peligrosos, explosivos y tóxicos a dosis bajas. Y en todos los casos de gases comprimidos en ámpulas o frascos, quien los usa debe tomar en cuenta que el gas saldrá frío y se expandirá como genio cuando le frotan la botella, por lo que hay que tomar precauciones para evitar irritaciones severas del árbol respiratorio o que estalle uno que otro alveolo.

Solventes

Esta es una categoría química de indeseables sin nada de recreativo, peligrosos y tóxicos, que no reciben toda la atención ni el control que debieran por tratarse de sustancias cuyo uso problemático se concentra en las poblaciones marginales, pobres y en situación de abandono o calle. Se somete a estas personas a un doble abandono y estigma extra.

Los inconvenientes y los daños derivados del uso de inhalables son múltiples, comenzando por el libre acceso a ellos en cualquier tlapalería y su precio, en general módico; si bien es cierto que en los envases por ley debe anotarse la prohibición expresa de venderlos a menores de edad. **La esperanza de vida de los usuarios promedio no rebasa los 25 años de edad,** pues quienes se aficionan a las *monas* —que son pedazos de estopa impregnadas en solvente que se aspira por nariz y boca— son atropellados o se asfixian con bolsas de plástico o sufren muertes violentas en episodios callejeros.

Los efectos de los inhalables se parecen a los del alcohol, pero pueden ser mortales desde la primera probadita, por paro respiratorio o asfixia. Antes se decía que un usuario juvenil de *chemo*, PVC o *activo* —que es un coctel callejero, rico en tolueno que se consume en cantidad en México—, progresaría hacia el alcoholismo al llegar a la edad adulta, pero a últimas fechas se observa que quien llega a la madurez se aficiona al trago, de acuerdo, pero no deja de *monear*.

Aerosoles

Para extraer de latas y botes el queso, la crema batida, el spray para el cabello o el aire comprimido, se requiere de gases propulsores, por lo general, *fluorocarbonos*, parientes de la gasolina, que también son bastante "mareadores" y muy contaminantes del medio ambiente.

Adhesivos y pegamentos

En varias industrias se emplean adhesivos cuya fórmula contiene elementos volátiles que atur-

den los sentidos. Es el caso del famoso "5000 o chemo" y del pegamento usado para modelismo. Aunque se conocen sus efectos, en las calles su consumo en años recientes ha sido sustituido casi totalmente por el de "activo".

Gases refrigerantes

En lugares de clima extremoso y desértico, como el Medio Oriente, las personas no sólo disfrutan del fresco que proporciona el aire acondicionado, sino que algunas se ataran adrede con el *freón* que enfría sus habitaciones pero les *calienta la materia gris*.

Cuadro 8

Consecuencias del uso problemático de inhalables

- Ansiedad.
- Depresión.
- Pensamiento errático.
- Problemas para el aprendizaje.
- Cambios estructurales permanentes en el cerebro.
- Pérdida de la visión y del oído por destrucción de nervios.
- Irritación crónica de vías respiratorias.
- Tolerancia.
- Adicción.
- Muerte por arritmia, paro respiratorio o asfixia.
- Alteración del código genético.

Las sustancias inhalables y sus rituales de consumo se integran al estilo de vida de las personas que quieren olvidar el tiempo, el hambre, el dolor pasado y futuro, la falta de perspectiva feliz que su situación social les proporciona y buscan refugiarse en un placer efímero que dilata su presente y les aporta tantita ilusión. Son la droga de los olvidados sociales, de la carne de cañón, de los autonombrados hijos de nadie. La población de calle no es un fenómeno que comenzó ayer, pero a pesar de que ya había personas así desde tiempos de don Porfirio, su situación no ha mejorado, ahora son sólo en el DF más de 20 mil, y la Revolución no les ha hecho justicia a cien años de distancia. Les siguen pegando bajo.

CAPÍTULO 6

ALUCINÓGENOS

Alucinógenos

Representantes principales:
hongos (psilocibina),
peyote (mezcalina), ayahuasca,
Salvia divinorum, LSD, DMT, Éxtasis.

México presume la más copiosa variedad de alucinógenos naturales en el mundo, al grado de que se han convertido en un atractivo turístico más para los exploradores mentales de todo el mundo, que han comprometido la existencia misma de algunas especies, como el peyote (*Lopophora williamsii)*, que ya escasea en el desierto de San Luis Potosí.

Efectos generales notables

Varios alucinógenos actúan sobre los receptores de la neurotransmisora *serotonina,* que parece ser la encargada de interpretar la realidad que perciben los sentidos y proyectarla en la pantalla de la mente. Los alucinógenos de este grupo, emparentados con la LSD transforman los espacios como toda una decoradora de interiores, desgranan los colores, estiran la música, acentúan los sentimientos, pero no suplantan la realidad, sólo la trastornan.

Otro grupo de sustancias alucinógenas, los *alcaloides de la belladona* incluyen alucinatorios peligrosos, como el toloache y otras plantas de la familia de las *Daturas*, como la *burundanga* colombiana y otros compuestos cuyos principios activos son la atropina y la *escopolamina*, sustancias poderosas para aturdir y venenosas hasta de muerte. La escopolamina extrae de los sótanos de la mente miedos ancestrales y pone el corazón al galope.

Las propiedades enamoradoras atribuidas al toloache y su uso indiscriminado por corazones ávidos de correspondencia, la han convertido en la principal causa de internamiento en salas de urgencias debido a intoxicación por uso de plantas medicinales. ¿Y quién quiere el amor de zombi?

Los *anestésicos disociativos* ya fueron analizados en la sección de depresores, Capítulo 5, aunque en verdad también se podrían clasificar como alucinógenos, porque los usuarios se sienten "fuera de su cuerpo".

Hay otra planta en boga que provoca una sensación de muerte y pérdida de la noción de vida durante minutos: la *Salvia divinorum*, que fue usada por los sacerdotes aztecas con fines místicos, como un viaje relámpago de ida y vuelta al *Mictlán o* Valle de la Muerte. En los años 2007 y 2008 la salvia se comercializó ampliamente por internet, práctica cada vez más frecuente con sustancias de este tipo, que elude controles sanitarios y brinca baches legales con facilidad para llevar hasta la "puerta de su hogar" a compradores ávidos de probar sustancias exóticas de todo el mundo.

Belladona

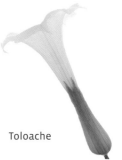

Toloache

Sin duda cada cual viaja según el boleto que trae adentro. Quien quiera explorar este mundo de música fantástica y elefantes rosas debe preguntarse antes de emprender el recorrido si tiene lo que se necesita para la excursión a sus propias profundidades.

Consecuencias

Los alucinógenos no producen adicción, lo cual significa que no son reforzadores positivos potentes y no se presenta síndrome de abstinencia al cesar el consumo. Las dosis efectivas para volarse el techo y entrar en el reino de lo irreal; en el caso de la LSD son del orden de millonésimas de gramo, con eso basta para llegar al "cielo con diamantes" que cantó el Beatle John Lennon, pero hay que llevar paracaídas.

El mito de que la LSD altera el código genético y da lugar al nacimiento de monstruos entre las usuarias y usuarios, no se ha comprobado, a pesar de que se ha hecho investigación al respecto.

Riesgos y peligros reales

No toda la gente es capaz de enfrentarse con su propia imaginación, mucho menos cuando va revestida de emociones, sentimientos, interpretaciones y otros aderezos que, al parecer, despiertan de su letargo con las moléculas alucinatorias. El *Éxtasis*, que se clasifica como *entactógeno* o "que toca por dentro", es el caso típico de un gatillo de realidades emocionales, un alucinógeno afectivo que provoca en sus usuarios la certeza de que la "humanidad en pleno" es empática, se trate de quien se trate. Ya no hay enemistades ni gente sangrona bajo los efectos de la célebre *tacha*.

Las personas que padecen algún trastorno psiquiátrico subyacente son ejemplo típico de quienes se "quedan en el viaje" o se "flipan" y ya no regresan del país de la fantasía, vale decir, se les instala la esquizofrenia y llega para quedarse. La gente puede traerla latente y cualquier droga, no sólo los alucinógenos pueden despertar al gigante dormido.

Se les llama *pacientes duales*, esto es, adictos y con trastorno psiquiátrico subyacente. Su situación es especial. Por ello quien tenga curiosidad por estas experiencias distorsionadas debe pasar por una etapa de preparación y autoevaluación, y si no se siente en control de sí, **mejor que se vaya al cine para asomarse sin tanto riesgo a un mundo repleto de efectos especiales.**

El *Trastorno Postalucinatorio de la Percepción*, que se presenta con todos los productos alucinatorios, consiste en la reaparición de las alucinaciones días después de haber consumido la sustancia, sin decir agua va, lo cual puede desencadenar ataques de pánico en las personas desprevenidas, ya que las toma en la calle, en la escuela o en el trabajo. Con su permiso o sin su permiso, y pueden ser varias veces.

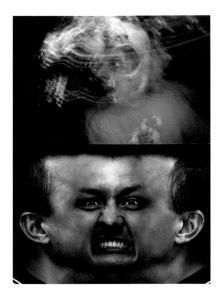

LSD (aceite, ajo, ácido, *Lucy in the sky with diamonds*)

La dietilamida del ácido lisérgico es quizá la alucinógena más célebre y más usada en todo el mundo. Aunque fue sintetizada en laboratorio en la década de 1940, los efectos de los derivados del ácido lisérgico se conocen desde hace siglos. En el México prehispánico, el *ololiuhqui* o *Turbina corimbosa* y el *tlitlitzin* o *Ipomoea violácea* que contienen amida de ácido lisérgico, pariente cercano de la LSD, se usaron con fines adivinatorios y religiosos.

DMT (dimetiltriptamina)

De efectos semejantes a la LSD, la DMT, se obtiene de las semillas del árbol sudamericano *Anadenanthera peregrina* o *Piptadenia peregrina*, provoca viajes relámpago, parecidos a los descritos para la *Salvia divinorum,* con duración de una hora, que se han llamado "el viaje de la gente de negocios". Este "*bisnestrip*" provoca en más de uno ataques de pánico, quizá por la velocidad a la que llega y se va el *transporte mental*. Entre las tribus de Sudamérica se le conoce con el nombre de *yopo* y se inhala. En otras partes se le mezcla con mariguana (se remojan las hojas de ésta en una infusión de *Piptadenia* y se fuman como es habitual). Extreme precauciones.

En la piel de algunos sapos americanos se encuentra un compuesto parecido al DMT que induce un trance alucinatorio y parálisis que han sido usados para fingir muertes, con diversos propósitos como defraudar aseguradoras o asomarse a ver si del otro lado hay algo. Pero lo que se ha descubierto es que quien llega hasta el verdadero "más allá", ya no regresa.

Cuadro 9

Efectos clínicos de los alucinógenos del grupo de la LSD

TIEMPO	EFECTO CLÍNICO
0-30 minutos	• Mareo, náusea, debilidad, calambres, ansiedad.
30-60 minutos	• Visión borrosa, aumento de contrastes, patrones visuales, sensaciones de irrealidad, pérdida de coordinación, lenguaje tembloroso.
1-4 horas	• Efectos visuales aumentados, movimientos en forma de onda, trastornos en la percepción de las distancias, euforia, paso lento del tiempo.
4-7 horas	• Se disipan los efectos citados arriba.
7-12 horas	• Regreso a la normalidad.
Efectos residuales	• Dolor de cabeza, fatiga, estado contemplativo.

Adaptado de R.M. Julien, *A Primer of Drug Action*, 11° ed. (Nueva York: Worth, 2008).

Hace más años todavía, en Medio Oriente, la enfermedad llamada *Fuego de San Antonio* que consiste en un cuadro alucinatorio acompañado por vasoconstricción extrema que conduce a la gangrena, se bautizó así en honor de los monjes que en un poblado en particular se hicieron cargo de personas que habían comido pan de centeno contaminado por el hongo *Claviceps purpurea*, fuente de ácido lisérgico (recuérdese al LSD) y ergotamina. Esta planta fue usada durante la Edad Media por médicos y parteras para contener hemorragias uterinas postparto, uso que aún se le da a la ergotamina por su gran potencia vasoconstrictora. Muchas personas que fueron quemadas en la estaca acusadas de brujería por la Santa Inquisición de la Iglesia Católica, lo único que hicieron fue comerse un pan "pasado".

Peyote (mezcalina)

El peyote es una biznaga —cactácea— que crece en el Noroeste de México y forma parte de los rituales de los huicholes y otras etnias sabias y coloridas. Es el equivalente de la hostia de consagrar para los afiliados a la *Native American Church,* el culto religioso que más ha crecido en número de fieles en los últimos años en Estados Unidos, lo que se atribuye a la comunión *sui generis* que forma parte de su liturgia y que, por ser cultura, escapa del rigor de la ley. La fe conviene, dicen los navegantes cerebrales.

La molécula de mezcalina es muy distinta a la de la serotonina, neurotransmisora supuestamente responsable por las alucinaciones. El principio activo del peyote se parece más a la anfetamina. De hecho, produce aumento de la presión sanguínea y dilatación pupilar como las anfetas, pero produce alucinaciones muy al estilo de la LSD. Esta combinación de efectos hace del peyote el vehículo físico y mental ideal para cruzar el desierto, que es una costumbre iniciática huichola.

Se han elaborado *drogas de diseño* de acuerdo al modelo molecular *mezcalina,* que son todo un alfabeto: DOM o STP, MDA, DMA y por último, y quizá la más popular de todas ellas, la MDMA o Éxtasis, que se analiza más adelante.

Ayahuasca (CAAPI, yagé)

Se trata de un alucinógeno de origen vegetal consumido en infusión, cuyos ingredientes principales son la corteza de la enredadera *Banisteriopsis caapi* y las hojas de *Psychotria viridis*. Los ingredientes activos son harmina, harmalina y DMT. Esta combinación provoca una secuencia que va de la náusea y el vómito, cruzando por la ansiedad y el miedo, y culmina en una experiencia alucinatoria y disociativa muy intensa. Al igual que la salvia, los viajes originales duran minutos, si bien con ciertos añadidos se puede prolongar el *trip* algunas horas. Sin embargo, su uso recreativo es raro, pues más bien se usa con fines místicos.

Salvia Divinorum

Esta planta, que es miembro de la familia de la menta era usada por los sacerdotes aztecas para aprender cosas del espíritu, se mastica o se fuma. Genera una experiencia alucinatoria intensa y breve, muchas veces desagradable. Como se dijo antes, se puso de moda en los últimos años, pues al no estar tipificada como ilegal, se podía conseguir a domicilio por internet, aunque usted no lo crea. Poc@s usuari@s que se han subido al "autobús" *salvia* desean repetir el recorrido.

Otros alucinatorios disociativos, como la PCP y la *Ketamina* se analizaron en el capítulo de los depresores, anestésicos, para ser más precisos.

Hojas de *Psychotria viridis*

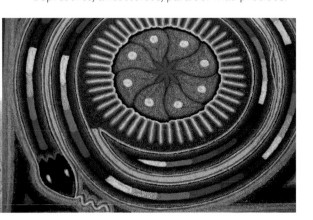

Con frecuencia, las sustancias abren no sólo las puertas de la percepción, sino también las ventanas al infierno.

Éxtasis (tachas, tracas, nenas, XTC)

Llegamos a la *tacha* o *metilendioximetanfeta-mina,* en jerga técnica. El famoso apodo surgió pues las primeras "píldoras del amor", dividi-das en cuatro fracciones, presumen una equis, o "tache" en la tableta. Esto las hizo estandarte también de la famosa generación "X", ochente-ra por excelencia, creadora y degustadora de música electrónica, que es la que se estila en el ambiente *rave.*

Durante la época de los fabulosos cincuenta y sesenta la *metilendioximetanfetamina,* que entonces se llamó *ADAM* por una trasposición silábica simple, se empleó como coadyuvante en terapias de pareja por su capacidad para disparar en los usuarios buenos sentimientos hacia el prójimo. Como a algún amargado con poder no le gustó aquello de que se amaran los unos a las otras con tableta de por medio mucho antes que el *viagra,* se procedió, en los ochenta a ilegalizar la *tacha,* que lejos de apla-carse halló rápidamente su sitio en el mercado subterráneo y se volvió protagonista de las fiestas masivas o *raves* que los ingleses de la famosa *generación X* inventaron por aquellos tiempos.

El *Éxtasis* merece consideraciones especia-les, por su amplia distribución y porque no se parece a ninguna otra sustancia, si acaso al *2-cb* o *nexus,* que de hecho es una versión modernizada del XTC, otra droga de diseño más, manufacturada en la década de 1990 y que sigue circulando, pero en menor medida que la versión original.

El *Éxtasis* viene en diversas presentaciones, sobre todo en tabletas con carátulas que van de las primeras "caritas felices", logotipos de autos de moda, hasta el mismísimo rostro del presidente Obama. Una presentación para cada temporada, como su serie favorita de televisión.

Efectos generales notables

El éxtasis es un ejemplo clásico de las *drogas de diseño,* derivada de la familia de las anfeta-minas. Mediante una manipulación molecular sencilla comparte con las anfetaminas clásicas las propiedades de acelerar el corazón, elevar la presión arterial y la temperatura (ojo con esto), y producir una sensación de alerta.

Sin embargo, contrario al estado energético pero agresivo que acompaña la "prendida" con anfetamina o metanfetamina (MDA o *metedri-na*), el *Éxtasis* provoca un estado afectivo cáli-do hacia la colectividad humana y una mirada interna benevolente, en una palabra, empatía. Por ello se le ha clasificado bajo la categoría de *entactógena,* esto es, que ayuda a "tocarse por dentro".

En muchos sitios, y acá también, se clasifica a la *tacha* como sustancia alucinógena, aun-que l@s usuari@s refieran sólo de vez en cuando alteraciones de la percepción de forma, tiempo y espacio, pues sin duda, con el mundo como está es una alucinación idealista creer que "toda la gente es buena onda y lo quiere mucho a uno".

En todo lo relacionado con sustancias psicoactivas: menos es más. Y ante la duda entre consumir o no, en definitiva es mejor no hacerlo. Ninguna sustan-cia que altera el funcionamiento cerebral puede considerarse totalmente inofensiva.

Consecuencias

El éxtasis exprime las terminales de serotonina en algunas zonas del cerebro. Hay experimentos tendenciosos que pretenden demostrar que las terminales nerviosas serotoninérgicas y sus respectivos receptores se agotan y se pierden para siempre al usar MDMA, pero repetimos, la metodología de estos estudios deja mucho que desear y las dosis empleadas en los estudios son muy superiores a las de un consumo habitual. **Sin embargo, conviene tener precaución, pues se habla anecdóticamente de la instalación de estados de aforía —incapacidad para sentir placer— entre usuarios fuertes de tachas.**

Riesgos y peligros reales

La *tacha* también se distingue de la familia de las anfetaminas clásicas porque no produce adicción psicológica, mucho menos física. Incluso quienes tienen la costumbre de utilizarla, generalmente lo hacen en contextos específicos, situaciones de música y baile, ocasiones festivas y no placeres solitarios. Pero ante la sospecha de que el placer *erótico y relacional* puede irse si se instala la tacha en la vida, hay que obedecer la regla de oro.

El *éxtasis* obstruye la actividad del centro cerebral que regula la temperatura corporal. Entre esta propiedad y el entusiasmo desbordado al calor del baile y la concordia ficticia que debe aprovecharse antes de que se vaya, hay dos riesgos emparentados. El primero es que la persona se deje llevar por la música, sude de más y se eleve su temperatura corporal a veces hasta 41 grados y sufra un "golpe de calor" que la deje inconsciente. Sin la atención oportuna, la concentración excesiva de sales puede llegar hasta la insuficiencia renal. Otro riesgo va por el polo contrario. Al sudar y calentarse de más en el baile y la muchedumbre, la persona exagera su consumo de agua y se le diluye la sangre, con lo cual se trastorna la concentración de minerales responsables de la actividad eléctrica del corazón (sodio sobre todo) y puede ocurrir inflamación cerebral y *shock,* o hasta la muerte por arritmia.

Otro riesgo nada despreciable es que la persona, viajando en la alucinación de cariño indiscriminado termine encamada con quien ni siquiera le gusta y a veces acabadita de conocer. Sexo realmente no deseado y embarazos "accidentales" también se atribuyen al poder de la *tacha;* si bien se dice que, al consumirla, más que consumar el acto sexual en sí lo que se antoja es apapachar, abrazar y repetir frases amorosas al oído de cualquiera. *All you need is love.*

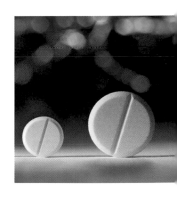

Capítulo 7

Mariguana

Cannabis o mariguana: un caso especial

Existen más de 400 maneras de referirse a la planta de *Cannabis sativa,* lo que denota el cariño que mucha gente le tiene, pues se trata de la sustancia ilegal de mayor consumo en el mundo. La consentida. La reputación de la *yerba, grifa, mota, crema, mois* y demás apodos es variable, como siempre que se trata de una "estrella". Hay quien dice que es de lo peor, que seca el cerebro, el sistema inmunológico y hasta los testículos, pero también tiene defensores a ultranza que perjuran que la *verde* es la campeona del mundo y no debe faltar en el hogar.

Como siempre, habría que buscar el medio terreno y procurar la objetividad; sobre todo si tomamos en cuenta, como se dijo en el caso del *Éxtasis,* que ninguna sustancia psicoactiva puede considerarse exenta totalmente de riesgos, aunque en el caso de *Cannabis* no se registra ninguna muerte por sobredosis en los pasados ocho mil años. Hace falta más ciencia. **Ninguna sustancia psicotrópica es totalmente inofensiva.**

No hay duda de que la planta de cáñamo es especial, como el título del capítulo sugiere. Lleva tantos milenios de convivencia con el ser humano que se desconoce su hábitat originario, aunque se presume que surgió en la India, de ahí uno de sus nombres: *Cannabis indica.*

La *mariguana* es ecológica a más no poder: se utilizan desde las semillas para producir aceite hasta los tallos ricos en fibra —especialmente de la variedad *Cannabis ruderalis*, que se da en Rusia y tiene propiedades psicotrópicas mínimas—, para manufacturar desde papel hasta ropa. Por si fuera poco, también tiene el uso recreativo por el que se le sigue o persigue y hay polémica en varios frentes sobre la conveniencia de su descriminalización y de su cambio de categoría en la clasificación de la DEA para permitirle siquiera uso médico, dado que tiene nobleza y hasta medicina es la canija, qué duda cabe. Pero tiene peros también.

Efectos generales notables

La intensidad de los efectos de la *mota* depende de la concentración de principio activo o *delta 9 tetrahidrocanabinol* (THC) que contenga la preparación que se va a consumir. Actualmente gran cantidad de la mariguana que se consume en el mundo es casera y sus semillas han sido manipuladas para contener grandes cantidades de principio activo, hasta 20 %, en comparación del 4 ó 5 % que puede contener la planta *en greña*. El *hashish*, que es la resina de la planta, contiene hasta 8 %, y el aceite de *hashish*, que antes de los tiempos del *home grown* o cosecha personal fue la presentación más potente, contiene hasta 20 %.

Lo que llama la atención de los científicos, es que se han descubierto en el cerebro humano —y de todos los mamíferos— receptores a *canabinoides* en gran cantidad, lo que culminó en la década de 1990 con el descubrimiento de la mariguana interna o *anandamida* que es la sustancia que el cuerpo produce para ocupar naturalmente dichos receptores.

Tal parece que los *canabinoides* internos cumplen funciones de regulación del dolor, la ansiedad, el vómito, el sueño, el estado de ánimo, la presión intraocular y la función inmune. Esto explica las propiedades medicinales que se le atribuyen a la planta desde tiempos inmemoriales.

Actualmente se reconoce que podría tener utilidad en el tratamiento de varios trastornos, entre otros: glaucoma —o aumento de la presión interna del ojo—, náuseas en personas sujetas a tratamiento de quimioterapia, esclerosis múltiple, espasmos musculares en personas con sección medular, incremento de apetito en personas que viven con VIH/SIDA, cólicos menstruales y dolores diversos. La lista es larga y la evidencia, mucha.

> El descubridor de la *anandamida* fue quien había aislado 20 años antes el THC, el Dr. Mechoulam. La palabra *anandamida*, proviene de una voz hindú que significa "goce supremo". En la actualidad se han descubierto mínimo otros dos canabinoides internos, el 2-AG y la *oleamida*, esta última, en México. Y sigue la mata dando, o debiera decir: "sigue la mota dando".

Cuadro 10

Efectos de la mariguana y el THC

AGUDOS:

- Distorsión de tiempo y espacio.
- Elevación del estado de ánimo.
- Disminución de la coordinación motora.
- Risa fácil y sin motivo aparente.
- Aumento del apetito.
- Ojos rojos.
- Boca reseca.
- Raras veces, delirio de persecución.

CRÓNICOS:

- Alteraciones de la memoria reciente.
- Incorporación de la mariguana a las actividades cotidianas.
- Posible adicción.

Se requiere abrir canales de investigación neutrales y científicos para asignarle a Cannabis el lugar que merece, más allá de los votos a favor o en contra que se derivan de simpatías o antipatías subjetivas más que de verdadero conocimiento.

Consecuencias

En varias fuentes se mencionan efectos inde-seables del uso agudo, crónico y problemático de la mariguana. Que si produce síndrome amotivacional y las personas sólo quieren estar echadas y entregadas al consumo y a la flojera; que si se instala una deficiencia inmu-nológica que ocasiona infecciones de repeti-ción a todo consumidor consuetudinario; que si puede provocar cáncer pulmonar tanto o más que el tabaco; que si disminuye la pro-ducción de espermatozoides y ataruga al semen sobreviviente provocando infertilidad. También se dice que fumar *ganja* es la puerta de entrada a drogas más fuertes.

Ninguno de los estudios que se presentan como pruebas de los alegatos anteriores es concluyente ni confiable al cien. Hay que hacer más ciencia y mejor cien-cia, mucha ciencia para despertar la conciencia y despejar mitos que sólo siem-bran miedo y generan más violencia y muer-tos que cualquier sustancia psicodélica.

Aunque repetimos, la *crema* o mariguana está lejos de ser inofensiva. En virtud tal vez de la potencia de las nuevas presentaciones con THC concentrado, la mariguana es res-ponsable de 19% de los ingresos a sala de urgencias por abuso de sustancias ilegales en hospitales yanquis. Se trata en 99% de los casos de personas que sufren ataques de pánico transitorios. Si bien son situacio-nes pasajeras, y sin secuelas, resulta engo-rroso terminar la fiesta en un sanatorio por haberse *friqueado*.

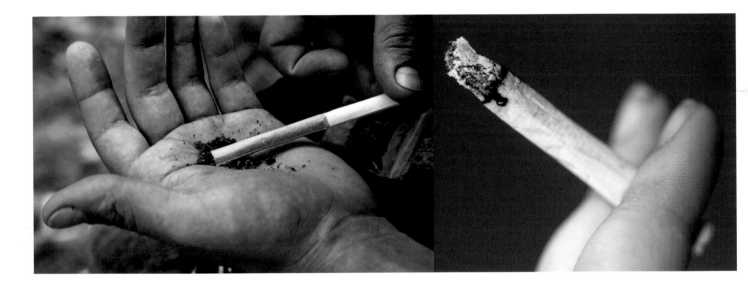

Es un hecho que, más por cuestiones políti-cas que otra razón, se persigue con enjundia exagerada a la mariguana desde que la juventud re-belde la tomó como estan-darte de protesta ante un mundo rígido e intolerante.

La impresión es que la moral se ha interpuesto en el camino de la ciencia y ya no deja ver con claridad el paisaje real. Sin tratarse de una panacea, es indudable a la luz de la evidencia empírica e histórica que la *mois* es menos perjudicial para cuerpo, mente y co-munidad que el tabaco y el alcohol, drogas legales y socialmente aceptadas. Al menos la *mota* merece una y varias oportunidades en laboratorio y el mismo trato jurídico que las sustancias legales mencionadas.

Riesgos y peligros reales

Además de los miedos agudos descritos, un problema que reporta el uso consuetudinario de *cannabis* es su facilidad para incorporarse a todas las actividades de la vida cotidiana de l@s usuari@s. Se pierde con ello la dimensión natural que observa el mundo sin filtros ni muletas y que, en dado caso, serviría para apreciar mejor las propiedades recreativas de la *grifa* o cualquier otra sustancia que conduce a un nuevo nivel en la conciencia. Para la *yerba* también vale aquello de: menos es más.

Para quienes aseguran que la mariguana es inofensiva, se les recuerda que no ha perdido el carácter de ilegal, aunque se haya aprobado recientemente la portación de pequeñas cantidades por consumidores en México. Cinco gramos, o sea, dos *toques* es el máximo permitido, pero aguas con la discrecionalidad y la ignorancia de las autoridades. Hay mucha extorsión encerrada en esta nueva disposición oficial. Puede ser un avance jurídico, pero también una trampa. Mejor dejar la mariguana de plano y si no, cuando menos dejarla en casa.

Capítulo 8

CAPÍTULO 8
DESPENALIZAR
descriminalizar
Legalizar

¿Legalizar, despenalizar?

¡Descriminalizar!

El caso de las drogas es curioso a nivel jurídico. En éste, como en otros ámbitos de la "civilización", pensar demasiado es topar con pared. Estorban prejuicios, tabús, complejos que bloquean la objetividad, hasta de muchas mujeres y hombres de ciencia. Las preguntas son:

- ¿Quién puede decidir por otro lo que debe o no debe consumir?
- El peligro real, en la esfera de la salud, que representan las drogas, ¿justifica que se destruyan grandes superficies de cultivo, se saturen las cárceles mundiales de consumidoras y consumidores voluntarios de psicotrópicos, y se declaren guerras que matan más justos que pecadores?
- ¿Y si se aplicaran los presupuestos de todo esto a la prevención y el tratamiento de los estragos que indudablemente provoca el uso problemático de drogas?

¡Ay caray, hasta la cabeza duele!

En el Capítulo 4 se comentó que varios pensadores, incluso conservadores acérrimos como Milton Friedman, Premio Nobel de Economía, defienden la conveniencia de revisar el trato jurídico que se les da a las sustancias psicoactivas, pero se dan cuenta de que es improbable que la cosa cambie pronto, pues las ganancias asociadas tanto al narcotráfico como a la guerra instrumentada para perseguirlo brindan beneficios económicos monumentales a muchas personas.

Hay coincidencia en afirmar que "prohibir no es controlar, sino más bien, ceder el control a otros", en este caso, representados por los cárteles o grandes corporativos del narcotráfico, que no se distinguen por su preocupación por la salud o integridad física de los demás,

a quienes rocían e "intoxican de plomo" sin mucho miramiento.

Es necesario y más que oportuno abrir el debate y revisar a fondo este tema tan revuelto. Se requiere un recorrido crítico que inicie desde los tratados internacionales caducos hasta si debe o no castigarse a los consumidores por ejercer su libre albedrío aunque se lesionen solos, como quien se come los mocos. Se puede comenzar por hacer precisiones en el lenguaje. Al pan, pan y a la mota, mota.

Cuando se habla de *legalizar* las drogas, se ubica a sustancias peligrosas en un mercado libre, lo cual es definitivamente inaceptable. Nadie en su juicio votaría porque haya cocaína en el mostrador de la farmacia junto a los chicles de nicotina, esto es claro, como tampoco sería agradable ver mariguana en las loncherías escolares para que las nuevas generaciones tengan otra posibilidad de distraerse en recreo. Legalizar entonces, no es el caso.

Los criterios de prohibición cambian con el tiempo. En 1885 se recomendaban estas gotas para el dolor de dientes de los niños.

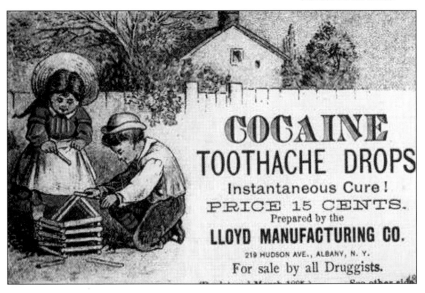

La opinión del autor coincide con quienes tienen la seguridad de que la respuesta a éste y otros fenómenos problemáticos que enfrenta la humanidad se halla en la combinación de educación y ciencia.

Despenalizar también es un término ambiguo, pues implica que hay delito que perseguir, lo cual es justamente lo que está en tela de juicio. Este enfoque despenalizador mejora algunas situaciones para los usuarios; por ejemplo, cambiando los castigos penales por administrativos o, mejor aún, por sanciones educativas para que las usuarias y usuarios conozcan los riesgos implícitos en el consumo de su veneno favorito, pero mantiene el estigma, por lo que no aporta una solución ecológica al fenómeno. **El tema de lo que cada quien decide meterse dentro de su piel sin afectar con ello a otra persona pertenece al campo amplio de los derechos humanos.**

Descriminalizar y regular se basa justamente en esta óptica de derechos humanos y parte de la realidad vigente en el mundo, más que de un enfoque utópico tipo Walt Disney. En la experiencia de varios países, este abordaje ha dado resultados que conviene someter a análisis. Holanda es el ejemplo más socorrido. Si bien los tratados internacionales ocasionan que haya baches legales severos, la descriminalización es un enfoque en el cual el Estado hace frente a su responsabilidad y atiende el tema

de las sustancias psicotrópicas de un modo que parece mucho más racional que voltear hacia otro lado. Se prohíbe la publicidad. Se regula el comercio, limitándolo a sitios especiales y para mayores de edad, se aplican restricciones para la venta y se desarma un eslabón del circuito criminal.

Los grupos prohibicionistas opinan que el cambio en el estatus legal de las sustancias psicoactivas ocasionaría un incremento incontrolable del número de consumidores (¿más?). Alegan que en los países con legislaciones más liberales ha sucedido así. En un primer momento quizá, pero la estabilidad se alcanza pronto. Holanda, por ejemplo, cuenta con una proporción menor de su población que es consumidora de *Cannabis* que los Estados Unidos. A lo mejor el incremento observado es a expensas de quienes vivían en el closet y salieron en cuanto pudieron. Los que defienden las leyes actuales no están de acuerdo en someter a la población a un riesgo sanitario más que se sume a los producidos por venenos legales, como alcohol y tabaco. En fin, la discusión sigue y seguirá mientras, como dice Friedman, haya tanta "lana" de por medio.

Cuadro 11

Tabla de orientación de dosis máximas de consumo personal e inmediato (México)

NARCÓTICO	DOSIS MÁXIMA, CONSUMO PERSONAL E INMEDIATO
• Opio	2 g
• Diacetilmorfina o heroína	50 mg
• Cannabis indica, sativa o mariguana	5 g
• Cocaína (incluye piedra o crack)	500 mg
• Lisergida (LSD)(ácido)	0.015 mg
• MDA o Metanfetamina (cristal, hielo)	Polvo, granulado o cristales: hasta 40 mg. Tableta: una unidad con peso no mayor que 200 mg
• MDMA o Metilendioximetanfetamina, o Éxtasis	40 mg de polvo, o una cápsula o tableta con peso no mayor a 200 mg
• Anfetamina o speed	Una unidad con peso no mayor a 200 mg

Anexos, Bibliografía

ANEXO 1. Reglamentos y códigos sanitarios de aquí y de allá

Ley General de Salud; artículo 245. Considera delito la posesión y distribución de (ojo, no habla del consumo / nota del autor):

1 Sustancias que tienen valor terapéutico escaso o nulo y que, por ser susceptibles de uso indebido o abuso constituyen un problema especialmente grave para la salud pública. Ejemplo: *MDMA (metilen-dioxi-metanfetamina o Éxtasis), LSD, mezcalina, cannabis.*
2 Las que tienen algún valor terapéutico, pero constituyen un problema grave para la salud pública, como las *anfetaminas y barbitúricos.*
3 Las que tienen valor terapéutico pero constituyen un problema para la salud pública: *ergotamina, benzodiacepinas.*
4 Las que tienen amplios usos terapéuticos y constituyen un problema menor para la salud pública: *antidepresivos.*
5 Las que carecen de valor terapéutico y se utilizan corrientemente en la industria, mismas que se determinan en las disposiciones reglamentarias correspondientes. (Aquí caben solventes y pegamentos, por ejemplo).

Esta clasificación no nació de la nada, sino que se apoyó en la que fue diseñada en los Estados Unidos de Norteamérica, los mayores consumidores de drogas en el universo conocido.

Décima Clasificación Internacional de las Enfermedades (CIE 10, 2002).

Ésta es más incluyente y hace una lista de los nueve grupos de *drogas de las que abusa el ser humano,* a saber:
1 Alcohol
2 Opiáceos
3 Cannabinoides
4 Sedantes e hipnóticos
5 Cocaína
6 Otros estimulantes (incluyendo la cafeína y la teobromina, antes citadas)
7 Alucinógenos
8 Tabaco
9 Disolventes volátiles

Clasificación de la DEA (*Drug Enforcement Agency, USA*):

1 Alto potencial de abuso, sin uso médico aprobado y sólo disponibles para fines de investigación. Ejemplos: *LSD, mezcalina, peyote, heroína, cannabinoides —o derivados de la mariguana.*
2 Alto potencial de abuso; uso médico aprobado, se pueden adquirir con receta médica que se surte una sola vez. Ejemplos: *anfetaminas, algunos opiáceos, barbitúricos y fenciclidina.*
3 Potencial de abuso moderado a alto; uso médico aprobado; se surten con recetas que pueden reutilizarse. Ejemplos: *esteroides anabólicos, analgésicos combinados con codeína.*
4 Potencial de abuso moderado; uso médico aprobado; se surten con receta reutilizable. Ejemplos: *benzodiacepinas, fenobarbital.*
5 Potencial de abuso bajo o mínimo; uso médico; se adquieren sin receta. Ejemplos: algunos jarabes para la tos con baja concentración de codeína (*Nota del autor: sólo disponibles en EUA*)

Esta clasificación no abarca a todas las sustancias que la Humanidad ha usado y de las que ha abusado a lo largo de la Historia y en opinión del autor es obsoleta y arbitraria por muchos motivos, comenzando porque, como dice arribita, los Estados Unidos son el mayor consumidor de sustancias psicoactivas —y de todo lo demás—, en el mundo y se adjudican el derecho de *tirar línea* a los demás países y decirles lo que deben hacer, qué consumir y qué no, al tiempo que ven con beneplácito la contaminación de aguas y aire que producen algunas industrias consentidas del sistema. La población puede ser envenenada por residuos tóxicos, quiera o no quiera, si hay una licencia o *vista gorda* de por medio, pero pobre del individuo que se atreva a encender un cigarrillo de mariguana por elección propia, aunque el perjuicio sea sólo para él o para ella. Le cae el *chauixtle*.

Esta clasificación omite algunas sustancias de amplio consumo que no por comunes o suavecitas dejan de ser drogas, pues cubren el requisito principal de ejercer efecto sobre el sistema nervioso central, lo que las incluye por definición en el grupo selecto de las sustancias psicoactivas. Son ejemplos comunes la cafeína del café, o la teobromina del chocolate. Hay que admitir que no representan graves problemas para la salud pública, más allá de los embotellamientos que se originan en las inmediaciones de algunas cafeterías caras de moda, pero de que son drogas, sí que lo son.

ANEXO 2. Lineamientos del *National Institute of Drug Abuse* (NIDA, 1999) para el Tratamiento de las Adicciones

1 No existe un solo tratamiento que resulte efectivo para todas las personas y en todos los casos. Las terapias combinadas dan los mejores resultados.
2 El tratamiento debe ser accesible para cualquiera.
3 El tratamiento debe atender las múltiples necesidades de los pacientes, no sólo su consumo problemático de drogas.
4 El tratamiento en su curso puede requerir servicios médicos, terapia de familia, rehabilitación vocacional o laboral, así como asistencia de trabajadores sociales y en el terreno jurídico.
5 El tratamiento debe durar el tiempo adecuado.
6 Las terapias individual, grupal u otras son componentes críticos del tratamiento.
7 Algunos pacientes requieren medicamentos concomitantes a las terapias.
8 Las personas que además de su uso problemático de sustancias presentan un trastorno psiquiátrico —pacientes duales— deben recibir tratamiento para ambas condiciones.
9 La desintoxicación médica es sólo el primer paso hacia la salud, no es una cura total.
10 El tratamiento no necesita ser voluntario para ser eficaz.
11 Se requiere monitorizar continuamente el posible uso de sustancias psicoactivas por parte del paciente durante el tratamiento.
12 Los programas de tratamiento deben ofrecer determinaciones de la presencia de VIH/SIDA, hepatitis B o C, tuberculosis o cualquier otra enfermedad infecciosa, y asesorar a los pacientes para que no incurran en conductas de riesgo.
13 La recuperación de la adicción puede ser ardua y prolongada.

ANEXO 3. Combinaciones fatales

Si ya de por sí cada sustancia psicoactiva tiene mínimo dos efectos, el conocido y el desconocido, es fácil imaginar que la suma de dos o más es peor de impredecible y peligrosa. Sin embargo, la costumbre de buscar un trance, un estado mental alternativo, ocasiona que las personas combinen sustancias, para mejorar la experiencia, para modular los efectos exagerados de la aceleración desenfrenada con un freno efectivo, o en busca algo que ayude a aterrizar desde el despeñadero. También hay mezclas accidentales entre quienes toman medicamentos psicoactivos y se los resbalan con whisky en una fiesta, o el típico *cruzón* de mariguana y alcohol en las fiestas juveniles.

Así pues, se estila mezclar los estimulantes con sus supuestos contrarios, los depresores, para relajar el cuerpo y aplacar al ánimo, como sucede con el alcohol, universalmente reconocido como *alma de la fiesta* y su compañera habitual, la cocaína, *Lady Power*. Esta parejita hace que los usuarios sean proclives a la agresión y a la violencia, pues el cuerpo los combina en una molécula llamada *cocaetanol* que, como hija de ambos malhechores, adjudica a las personas usuarias rasgos indeseables, como la agresión fácil y prepotencia de político arribista, aunados a la gran resistencia al cansancio y pérdida de las ganas de dormir típica de los productores de televisión y artistitas que los acompañan. Esta mezcla puede provocar infartos de miocardio y otros accidentes vasculares, incluso tiempo después de haberla dejado de frecuentar.

En sí, cualquier combinación de sustancias psicoactivas que se piense, aunque tenga tiempo en el nicho de la moda y haya sido probada por muchos *lobos*, es más riesgosa que el consumo por separado de sus ingredientes. Mezclar *éxtasis* y alcohol, por ejemplo, puede resultar fatal, por lo que no se expende alcohol en los *raves*. Los antidepresivos combinados con mariguana y alcohol provocan agresividad permanente y así. Total, que es mejor mantener el cerebro lubricado con sus propias vitaminas, y consumir compuestos químicos es caminar sobre hielo delgado.

Un consejo de sabios es nunca combinar sustancias psicoactivas. Punto.

ANEXO 4. Los jinetes del apocalipsis: epidemias simultáneas

Entre los usuarios de drogas intravenosas (UDI), así sea cocaína, anfetaminas o heroína y otros opiáceos, es muy elevado el riesgo de contraer infecciones severas y con licencia para matar, como VIH/SIDA o hepatitis C, pues en los ambientes de consumo no regulado se estila compartir jeringas; en los *picaderos* el ansia imperiosa de *colocarse* triunfa sobre la higiene y cualquier otra precaución. Otro comportamiento errático que se asocia al uso problemático de drogas y a la transmisión de VIH es, desde luego, el sexo no deseado; llámesele por violación o a través del uso del cuerpo como moneda a cambio de la siguiente dosis, o la excitación química confundida con otro tipo de calentura.

Y lo que ha proliferado de la mano con el consumo de drogas y su tráfico, es la trata de personas, pero eso es otra historia. Hasta aquí llega este esfuerzo no sin recalcar que la respuesta no está, ni estará, ni puede estar en combatir la violencia con violencia: contra la guerra, la paz; contra los prejuicios, la educación. La verdad se defiende sola, hay que brindarle esa oportunidad por los siglos de los siglos, o cuando menos, ahorita que urge.

Bibliografía recomendada

Brocca, H.,Tovar, S. y Trino. *De la ficción a la adicción,* Santillana, México, 2006.

Cruz Martín del Campo, Silvia L. *Los efectos de las drogas: de sueños y pesadillas,* Trillas, México, 2007.

DSM-IV. *Manual diagnóstico y estadístico de los trastornos mentales,* Masson, S.A., Barcelona, España, 1995.

J.A. Ewing, *Detecting Alcoholism; The CAGE Questionnaire.* JAMA 252:1905-1907, 1970.

National Institute on Drug Abuse (NIDA), http:/www.nida.nih.gov

Brailowsky, S., *Las sustancias de los sueños, Colección "La ciencia para todos",* 3° ed. FCE, México, 2002.

Pasates, H., *De neuronas, emociones y motivaciones. Colección "La ciencia para todos",* FCE, México, 1997.

Byck, R. *Sigmund Freud, Escritos sobre la cocaína,* Anagrama, Barcelona, España, 1980.

E. J. Pennings, A.P. Leccesse y F.A. Wolf, *Effects of concurrent use of alcohol and cocaine,* Addiction 97:773-783, 2002.

F. De la Garza y A. Vega, *La juventud y las drogas, Guía para jóvenes, padres y maestros.* Trillas, 3°ed., México, 2001.

Kuhn, C., Swartzwelder, S., Wilson, W., *Buzzed: The straight facts about the most used and abused drugs from alcohol to ecstasy,* 3° ed, W.W. Norton & Company, Nueva York, E.U.A., Londres, Inglaterra, 2008.

Escohotado, A. *Aprendiendo de las drogas: Usos y abusos, prejuicios y desafíos,* Editorial Anagrama, 8° ed., Barcelona, España, 1998.

Rawson, R. *Treatment for stimulant use disorders,* Substance Abuse and Mental Health Services Administration, Center for Substance Abuse Treatment, Rockville, MD, E.U.A. 1999.

Balconeando las drogas

se imprimió en los talleres
de Worldcolor Querétaro, S.A. de C.V.
Fracc. Agro Industrial La Cruz,
Villa del Marqués, Querétaro, Qro.,
en el mes de octubre de 2010.
El tiraje fue de 3 000 ejemplares.